[이 책을 먼저 읽고, 자신의 NAME으로 살아갈 준비를 시작한 독자들의 이야기]

이 책을 읽으면서 읽고 바로 실행해 보고 싶다는 의지가 생겼습니다.
엉덩이가 들썩거리는 책, 움직일 수 있는 텍스트 콘텐츠를 읽을 수 있어
새삼 감사했습니다.
박세라

내용이 술술 읽혀서 저처럼 브랜딩을 고민하는 초보자들에게
꼭 필요한 책이 될 것입니다.
이소연

추상적인 언어를 '머리에 생생히 그려지는' 언어로
바꿔 주셔서 가독성이 좋았습니다.
최환희

처음 글을 접하는 사람도 어렵지 않게 따라갈 수 있고,
읽고 나면 '나도 한 번 해 봐야겠다'라는 마음이 생깁니다.
임선미

진심이 담긴 문장들, 영감을 얻는 문장들이 곳곳에 많아
읽는 내내 밑줄 치고 메모를 했습니다.
신재원

지금 제가 딱 고민하는 부분을 구체적인 액션 아이템과 사례로
설명해 주셔서 무척 좋았습니다.
이승민

회사 밖 _ 나를 위한
브랜딩 법칙
[*NAME*]

회사 밖 나를 위한 브랜딩 법칙 NAME

초판 1, 2쇄 인쇄 | 2025년 9월 12일
초판 1, 2쇄 발행 | 2025년 9월 18일

지은이 | 김용석
발행인 | 안유석
책임편집 | 비사이드 미
디자이너 | 권수정
펴낸곳 | 처음북스
출판등록 | 2011년 1월 12일 제2011-000009호
주소 | 서울 강남구 강남대로 374 스파크플러스 강남 6호점 B219호
전화 | 070-7018-8812
팩스 | 02-6280-3032
이메일 | cheombooks@cheom.net
홈페이지 | www.cheombooks.net
인스타그램 | @cheombooks
페이스북 | www.facebook.com/cheombooks
ISBN | 979-11-7022-307-8 03320

이 책 내용의 전부나 일부를 이용하려면 반드시 저작권자와 처음북스의
서면 동의를 받아야 합니다.

* 잘못된 책은 구매하신 곳에서 바꾸어 드립니다.
* 책값은 표지 뒷면에 있습니다.
* 이 책에는 본고딕, 프리텐다드, SB 어그로 서체가 적용되어 있습니다.

회사 밖 나를 위한 브랜딩 법칙

NAVIGATE
AIM
MEGAPHONE
EARN

[**NAME**]

김용석 지음

처음북스

들어가며

명함은 있지만
NAME은 없는 사람들

대기업을 퇴사하고 나서야 깨달았다. 명함에도 유효 기간이 있다는 사실을.

내가 누렸던 기회와 혜택, 그리고 성과를 냈다고 믿었던 마케팅 프로젝트들은 '김용석'이 아닌 '삼성의 마케터'였기에 가능했다. 회사의 지원과 이름이 없었다면 내 이름만으로는 해낼 수 없는 일들이었다. 견고하게 쌓았다고 자부했던 커리어는 퇴사 후 모래성처럼 무너져 내렸다. 모래 한 톨의 흔적조차 남지 않았다.

회사 이름이 사라진 순간, 내 이름은 무의미해졌다. 처음 만난 사람에게 나를 소개하는 것조차 막막했고, 은행 대출 하나도 쉽지 않았다. 협업을 요청해도 돌아오는 것은 침묵뿐. 명함이 있을 때 숨 쉬듯 당연했던 일들이 이제는 까마득히 높은 벽처럼 나를 가로막고 있었다.

대기업이라는 옷을 벗고서야 비로소 맨몸의 나를 마주했다. 조직이라는 보호막 없이 내 이름만으로 살아가야 하는 두려운 세상이 펼쳐졌다.

윤석철 교수는 이를 '네이키드 스트렝스 Naked Strength', 즉 '본연의 힘'을 확인하는 순간이라 말했다. 그는 교수라는 타이틀이 사라지고 나서야, 학생들이 자신을 어떻게 평가하는지, 사회에서 자신의 강의에 어떤 가치를 매기는지 깨닫게 되었다고 한다.[1] 나 역시 조직이라는 옷을 벗고서야 비로소 맨몸의 나와 마주하게 된다는 것을 알게 됐다.

명함의 유효 기간이 끝나고 나서야 날것의 세상을 보게 되었다. 나는 선택해야 했다. **또 다른 회사의 이름을 빌려 살 것인가, 아니면 내 이름의 가치를 스스로 만들어 갈 것인가.** 고민 끝에 후자를 택했다. '명함 전세살이'를 끝내고, '내 이름 자가살이'를 시작하기로 했다.

아이러니하게도 국내외 유수 기업의 브랜드 컨설팅과 마케팅을 해 왔음에도 정작 '나'라는 브랜드를 고민해 본 적은 없었다. 대기업과 중소기업, 개인 사업가를 위해 브랜드의 강점과 차별성을 찾아 주면서도 내 이름이 어떤 가치를 가질 수 있는지 깊이 생각하지 못했다. 아니, 단 한 번도 제대로 고민하지 못했다.

나를 알아야 했다. 그러려면 다양한 경험이 필요했다. 내가 무엇을 좋아하고 싫어하는지, 무엇을 잘하고 못하는지 세상 속에 나를 던져야만 알 수 있었다. "만 권의 책을 읽고, 만 리 길을 여행하며, 만 명의 벗을 사귀어라."* 이 오래된 격언처럼 나는 미친 듯이 책을 읽고, 세상을 돌아다니고, 다양한 사람들을 만났다. 그러면서 점차 '미지의 나'를 알아 가기 시작했다.

그러던 중 본인의 이름만으로도 잘 살아가는 사람들을 하나둘 만나게 되었다. 각기 다른 사람들이었지만 한 가지 공통점이 있었다. '이름'이 곧

---

* 讀萬券書 行萬里路 交萬人友 (독만권서 행만리로 교만인우)

'키워드'라는 것이었다. 오은영 하면 '육아', 이동진 하면 '영화', 충주맨 하면 '충주시', 정희원 하면 '저속노화'처럼 그들의 이름은 업계에서 강력한 키워드이자 브랜드였다. 송길영 작가가 《시대예보: 호명사회》에서 언급했듯이, 그들은 자신이 한 일을 TV, 유튜브, 인스타그램, 블로그, 책 등 다양한 매체를 통해 투명하게 공유했고, 자신과 비슷한 결의 사람들과 꾸준히 커뮤니티를 형성했다.[2]

반면 나는 구직을 위한 플랫폼 외에는 내가 한 일을 의미 있게 공개한 적이 없고, 커뮤니티는커녕 네트워크도 형성하지 못했다. 차이는 명확했다. **그들은 자신을 드러내고, 세상과 연결되기 위해 꾸준히 기록하고 공유했지만, 나는 그러지 못했다.** 결과적으로 나에게는 내 이름으로 사람들이 떠올릴 강력한 키워드가 없었다. 나의 이름은 누구나 읽을 수는 있으나, 그 누구도 의미를 떠올리지 못하는 단순 기호에 불과했다.

NAME: 나의 이름을 브랜드로 만드는 법

2023년부터 트레바리에서 내 이름으로 살아가는 법을 같이 고민하는 〈나, 브랜드〉라는 퍼스널 브랜딩 독서모임을 운영하며, 같은 고민을 가진 수백 명의 사람을 만났다(2025년부터는 〈회사 밖 나, 브랜드〉도 함께 운영 중이다). 퇴사를 고민하지만 회사 밖이 두려운 사람들, 프리랜서가 되었지만 여전히 막막한 사람들, 자신만의 브랜드를 만들었지만 아직 명확한 정체성을 찾지 못한 사람들이 공통적으로 던진 질문은 하나였다.

"어떻게 내 이름만으로 잘 살아갈 수 있을까?"

지난 10여 년 동안 다양한 기업의 마케팅과 브랜드 컨설팅을 통해 쌓은 경험을 바탕으로 퍼스널 브랜딩의 본질을 다시 탐구했다. 이를 내 삶에 직접 적용하며 누구나 쉽게 이해하고 현실에 적용 가능한 하나의 프레임워크*를 찾고자 노력했다.

우리는 세상을 있는 그대로 바라보지 않는다. 언제나 '어떤 창'을 통해 세상을 본다. 세모난 창으로 보면 세상이 세모처럼 보이고, 네모난 창은 네모처럼, 동그란 창은 동그랗게 세상을 비춘다. 이처럼 프레임워크는 우리가 세상을 인식하고 해석하는 방식, 즉 사고의 틀이다. 퍼스널 브랜딩도 마찬가지다. 감에 의존하거나 유행을 좇기보다는, 자신만의 창을 통해 바라볼 때 비로소 방향이 잡힌다. 이 책에서는 바로 그런 창을 제시하려 한다. 퍼스널 브랜딩을 쉽게 이해하고 현실에 적용해 볼 수 있도록 돕는 하나의 프레임워크가 되고자 한다.

물론 성공 확률이 100%인 프레임워크는 없다. 강력한 퍼스널 브랜드를 구축한 사람들과 동일한 행동을 했음에도 잘 안되는 사람도 있다. 같은 방식으로도 누구는 성공하고, 누구는 실패한다. 그 차이는 어쩌면 '운'일지도 모른다. 하지만 확률을 높이는 방법은 분명히 존재한다. 그래서 많은 사회과학적 접근이 그러하듯 나 역시 성공 확률을 높이는 프레임워크를 찾는 데 집중했다.

마침내 '이름'이라는 단어 속에서 그 답을 발견했다. 바로 NAME이라는 퍼스널 브랜딩 프레임워크다.

---

* 사에쿠사 타다시는 《회사개조》에서 프레임워크를 사물의 본질이나 구조를 이해하고 알기 쉽게 설명하기 위한 '틀'이라고 정의했다. 이 책에서는 퍼스널 브랜딩의 본질을 이해하고 '나의 이름으로 살아가기'라는 목표를 달성하기 위한 틀이라고 정의하고자 한다.

Navigate*: 나를 찾는 항해

Aim**: 나의 팬에 정조준

Megaphone***: 나의 메시지를 확장

Earn****: 퍼스널 브랜드로 수익화

이 프레임워크는 단순한 이론이 아니다. 그럴싸한 단어만 나열한 추상적인 개념이 아니라, 내 삶에 직접 적용하며 끊임없이 개선해 온 실전 원칙이다. 또한 모임과 강의를 통해 수많은 사람이 실제로 활용하며 효과가 검증되고 있는 현재진행형의 과정이기도 하다.

당신의 이름으로 살아갈 준비가 되었는가? 그렇다면 바로 당신의 NAME을 세상에 새겨 보자.

새벽의 선선함과 한낮의 무더움이 공존하는 계절에

김용석

---

* To find the way to get to a place when you are traveling in a ship, airplane, car, etc.
** To direct (something, such as a missile, a ball, a punch, or a kick) at a target
*** Utter through, or as if through, a megaphone
**** To get (money, a salary, etc.) for work that you have done

Table of Contents

들어가며 명함은 있지만 NAME은 없는 사람들　　　7

PART 1
퍼스널 브랜딩

CHAPTER 1
퍼스널 브랜딩 그리고 NAME

브랜딩과 마케팅의 차이 농부와 사과	20
퍼스널 브랜딩이란 무엇인가?	24
퍼스널 브랜딩에 대한 오해 **1** 직장인은 필요 없다?	27
퍼스널 브랜딩에 대한 오해 **2** '나다움'이면 다 된다?	32
퍼스널 브랜딩에 대한 오해 **3** 유명해지면 끝?	34
당신에게 NAME이 필요한 이유	37

PART 2
퍼스널 브랜딩 프레임워크 NAME

CHAPTER 2　NAVIGATE
나를 찾는 '항해'

나를 모른다는 것조차 나는 모른다	44
왜 시작하지 못하는가? 1 구릴 수 있는 용기	48
왜 시작하지 못하는가? 2 최악을 미리 그려 보기	53
왜 시작하지 못하는가? 3 한 손엔 예금, 다른 손엔 복권	57
기록은 '나'를 정리하고, 공개는 '나'를 발견한다	62
무인도에 표류한 사람처럼 꾸준하게	68
SNS가 좋아하는 기록법	73
수파리 모방에서 나만의 언어로 가는 길	78
1등이 되고 싶어요?	81
'나'를 평면이 아닌 입체로 보는 법	84
Key Questions from [N]	88

CHAPTER 3 AIM
나의 팬에 '정조준'

나를 위한 브랜딩, 너를 향한 메시지	92
진정성이라는 말에 속지 마라	95
타깃 단 한명이 남을 때까지 뾰족하게	99
키워드 '삼성 프레임'으로 기억에 남게	104
비주얼 눈으로 기억하게 만들자	112
채널 넓게 그리고 깊게	116
구독자 수는 더 이상 의미가 없다?	122
스킨인더게임 다리를 지었다면 그 밑에 살아라	126
오늘의 MVP, 아니 MVC는?	129
단기 기억에서 장기 기억으로	132
Key Questions from [A]	136

CHAPTER 4 MEGAPHONE
나의 메시지를 '확장'

혼자 빨리 가는 대신 함께 멀리 가기	140
바람 빠진 풍선은 초라하고 과하면 터진다	144
인플루언서 네트워크에 참여하라	148
자발적 바이럴의 핵심	153
광고 실험 타깃과 메시지를 빠르게 검증하는 법	157
단체사진 효과 퍼스널 브랜드에 '함께'를 더하기	160
마태효과 성장은 한순간에 폭발한다	164
멘탈 관리 **1** 10%의 가짜 지인을 대처하는 법	168
멘탈 관리 **2** 악플에 대처하는 법	171
멘탈 관리 **3** 정체 구간을 견디는 법	175
Key Questions from [M]	178

CHAPTER 5 EARN
퍼스널 브랜드로 '수익화'

이제 돈을 벌 차례	182
수익화, 아인슈타인처럼 실험해 보자	185
가격표가 없다면 끌려다닌다	189
돈이 되는 톡설팅 수익화 매트릭스	194
실전 수익화, 이들은 이렇게 벌었다	199
톡설팅 수익화 매트릭스 **1** 모으기	203
톡설팅 수익화 매트릭스 **2** 팔기	212
돈은 두 곳에 묻혀 있다 질문과 불만	221
재투자 없는 성장은 없다	225
위기관리 바빠도 라테(LATTE)는 챙기자	228
Key Questions from [E]	233

나가며 AI 시대에 NAME이 더 중요해지는 이유	236
One more thing: 편지	241
감사의 말씀	244
참고 문헌	245
NAME 초고에 소중한 의견을 주신 분들의 NAME	248

NAME

PART 1

퍼스널 브랜딩

"미래에는 누구나 15분 동안
전 세계적으로 유명해질 것이다."

앤디 워홀 Andy Warhol*

* "In the future, everyone will be world-famous for fifteen minutes"라는 문장은 1968년 스웨덴 모더나 뮤지엄(Moderna Museet) 전시 브로슈어에 처음 등장했으며, 이후 일반적으로 앤디 워홀의 말로 알려졌다. 당시에는 다소 과장된 예언처럼 들렸지만, 지금은 놀라울 만큼 정확한 통찰로 평가받는다. 기술과 미디어가 발전하면서 누구나 대중의 주목을 받을 수 있는 시대가 되었기 때문이다. 과거에는 극소수만이 방송과 언론을 통해 이름을 알릴 수 있었지만, 지금은 누구나 스스로를 알릴 수 있는 채널을 가질 수 있다.

CHAPTER 1

퍼스널 브랜딩 그리고 NAME

브랜딩과 마케팅의 차이
농부와 사과

브랜딩 강의를 할 때마다 오른쪽 이미지를 띄워 놓고 한 가지 질문을 던진다.

"여러분은 저 사과를 사고 싶은가요?"

재미있게도 답은 늘 반반이다. 사고 싶다는 사람도 있고, 사기 싫다는 사람도 있다. 이유는 다양하지만, 결국 둘 중 하나다. '농부가 믿을 만해 보여서.' 혹은 '믿을 만하지 않아서.' '사과가 맛있어 보여서.' 혹은 '맛없어 보여서.'

챗GPT로 생성한 이미지

소비자는 이처럼 '누가 만든 사과인가(브랜드)'와 '사과가 어떻게 보이는가(마케팅)'를 함께 본다. 사과를 한 번 보고 '사고 싶다' 혹은 '아니다'로 판단하게 만드는 것이 마케팅이라면, '이 농부는 믿을 만해 보인다'라는 인식을 심는 것이 브랜딩이다. 마케팅이 사고 싶은 메시지를 만드는 일이라면, **브랜딩은 신뢰받는 메신저를 만드는 과정이다.** 그리고 이 둘은 결코 별개의 것이 아니다.

좋은 사과를 계속해서 파는 농부는 좋은 농부로 인식된다. 그리고 '좋은 농부'가 된 순간 그가 파는 사과는 그 자체로 '좋은 사과'가 된다. 브랜딩과 마케팅의 선순환이 만들어지는 것이다. 여기서 중요한 전환이 일어난다. '좋은 농부'로 인식된 사람은 사과 말고도 다른 과일을 팔기 쉬워진다. 바나나를 팔든 수박을 팔든 소비자는 묻지도 따지지도 않고 산다. 그만큼 농부를 신뢰하기 때문이다. 게다가 그 과일도 만족스럽다면? 이제는 착즙 주스까지 팔 수 있다. 더 나아가면 주방도구 같은 조금 더 다른 영역까지 시도할 수 있다.

요즘 유행처럼 번지는 '오마카세'도 마찬가지다. 우리나라에서는 '비싼 코스 요리' 정도로 이해되는 경향이 있지만, 오마카세おまかせ의 본래 뜻은 '맡긴다'이다. 손님이 메뉴를 고르지 않고, 이타마에板前(손님 앞에서 요리하는 일본 전통 요리사)가 가장 자신 있는 요리, 가장 신선한 재료로 순서대로 제공한다. 즉 오마카세는 손님이 요리사를 신뢰할 때만 성립하는 식사 방식이다. 신뢰가 없다면 손님은 메뉴를 맡길 수 없다.

비슷한 사례는 주변에서도 쉽게 찾을 수 있다. 피트니스 업계에서 일하는 분이 이렇게 말했다. 회원들과 신뢰가 쌓이면, 다시 말해 트레이너의 퍼스널 브랜드가 단단해지면 운동을 넘어 무엇이든 추천할 수 있게 된다는 것이다. 단백질 보충제나 영양제는 물론이고, 베개 같은 전혀 다른 카테고리 제품까지도 가능해진다. 상품 그 자체보다 그 사람을 믿고 사게 된다.

세계적인 경영학자 피터 드러커Peter Drucker는 "마케팅의 목적은 판매를 불필요하게 만드는 것이다"*라고 말했다. 이런 의미에서 브랜딩은 때때로 마케팅조차 필요 없게 만들기도 한다. 브랜드에 대한 신뢰가 충분하다면 별도의 설명 없이도 소비자는 망설이지 않고 구매한다.

나 역시 10년 가까이 독서모임을 운영해 오면서 모임의 콘셉트나 주제보다 '누가 진행하는가'가 더 중요하다는 사실을 깨달았다. 어느 순간부터 모임보다 '나'라는 사람을 보고 찾아오는 참가자들이 늘어났다. 그중에서도 가장 기억에 남는 모임이 있다. 바로 '비행독서'다. 코로나로 해외여행은 물론 비행기 탑승조차 어려웠던 시기에 나는 '비행기 안에서 책을 읽는 경험'을 구현해 보자고 생각했다. 그렇게 탄생한 모임이 바로 '비행독서'다. 콘셉트는 '핸드폰은 비행모드, 우리들은 독서모드'였다. 단순한 독서모임이 아닌, 하나의 몰입 경험을 설계한 셈이다.

이 모임은 14회 차 연속 매진을 기록하며 큰 인기를 끌었다. 그런데 놀랍게도, 모임의 내용을 제대로 읽지 않고 신청한 분들이 많았다. 심지어 '핸드폰을 꺼 놓기 어려운 상황'임에도 무작정 참석한 경우도 있었다. 이유는 단 하나였다. '내가 여는 모임'이었기 때문이다. 이처럼 사람(퍼스널 브랜드)에 대한 신뢰는 상품을 넘어 모든 선택을 이끌기도 한다.

소비자는 제품보다 사람을 믿고, 기능보다 신뢰를 산다. 퍼스널 브랜딩은 단순히 자신을 포장하는 기술이 아니다. 신뢰를 기반으로 관계를 쌓고, 그 관계를 통해 영향력을 넓히는 일이다. **내가 어떤 사람인지, 어떤 가치를 지향하는지, 무엇을 꾸준히 증명해 왔는지 보여 줄 수 있을 때, 소비자는 내 상품이나 서비스를 자연스럽게 선택하게 된다.** 그래서 퍼스널 브랜딩은 더 이상 선택이 아니다.

여기서 질문이 하나 생긴다. '퍼스널 브랜딩'이란 정확히 무엇일까? 요

＊ 원문은 "The aim of marketing is to make selling superfluous."

즘은 누구나 이 단어를 쓰지만, 정작 그 의미를 정확히 알고 있는 사람은 많지 않다. 누군가 자기계발의 새로운 이름으로 여기는가 하면, 또 누군가는 과장된 자기 홍보로 치부하기도 한다. 본격적으로 퍼스널 브랜딩을 이야기하기 전에, 우리는 이 단어가 어디서 왔고, 어떤 맥락에서 등장했는지부터 짚고 넘어갈 필요가 있다.

독립출판물로도 만들어진 '비행독서'
ⓒ로히, 캡선생

퍼스널 브랜딩이란 무엇인가?

퍼스널 브랜딩에 대해 어떤 이는 새로운 시대의 자기계발로 추앙하고, 또 어떤 이는 과장된 자기 홍보로 여기며 날카롭게 비판한다. 다시 말해 퍼스널 브랜딩의 본래 뜻과는 다른 허수아비를 세워 놓고 무차별적으로 공격하는 허수아비 오류 Straw Man Fallacy를 범하는 경우가 있다.

무엇이든 올바르게 이해하지 못하면 올바르게 행동할 수 없고, 올바르게 행동하지 못하면 올바르지 않은 결과가 나오게 된다. 퍼스널 브랜딩을 하기에 앞서 이를 명확하게 정의하는 것이 무엇보다 중요한 이유가 바로 여기에 있다. 그렇다면 '퍼스널 브랜딩'이라는 용어는 언제부터 쓰였을까?

'퍼스널 브랜딩'은 1997년 경영 전문가 톰 피터스 Tom Peters가 《패스트 컴퍼니 Fast Company》에 기고한 〈당신이라는 브랜드 The Brand Called You〉라는 글에서 처음 사용한 것으로 알려져 있다. 물론 개인의 평판과 이미지를 관리하는 행위는 인간이 부족을 이루며 살았을 때도 존재했겠지만 이를 다수가 사용하는 구체적인 언어로 만들어진 것은 30년도 채 되지 않았다.

기고문에서 말하는 '퍼스널 브랜딩'은 무슨 뜻이었을까? 간단히 말해 '회사가 나의 정체성을 결정하는 시대는 끝이 났고, 나 스스로가 브랜드가 되는 것'이다. 그리고 '나라는 브랜드의 가치'는 친구, 동료, 고객들로 구성된 네트워크가 나에 대해 어떤 생각을 하고 이야기를 하는지로 결정된다. 퍼스널 브랜드란, 사람들이 나에 대해 갖는 감정과 인식의 총합이다. 퍼스널 브랜딩은 그것을 의도적으로 긍정적인 방향으로 형성하는 일이다.[3]

가축에게 소유권을 표시하기 위해 낙인을 찍는 데서 출발한 브랜딩과는 달리, 인간의 이름은 법적 소유를 뜻하지는 않지만 서로를 구별하는 표식으로서 존재한다. 철학관에서 짓든, 부모님이 지어 주든, 모든 이름에는 특정한 의미와 의도가 담겨 있다. 하지만 이 의미를 아는 사람은 이름을 지은 사람과 이름의 소유자 그리고 가족을 제외하면 거의 없다. 나 역시 '날랠 용勇'과 '주석 석錫'이라는 한자를 쓰지만, 이를 기억하는 사람은 나와 가족뿐이다. 심지어 나조차도 내 이름이 가진 의미를 정확히 이해하지 못한다.

이름은 대부분 그 본래 뜻이 세상에 알려지지 않고, 무엇보다 동일한 이름을 가진 사람도 많다. 즉 이름이 본래 역할인 '구별'의 기능을 온전히 해내지 못하는 경우가 많다. 우리는 대개 외모, 성격, 하는 일 등에 따라 사회적 의미가 더해지며 이름에 새로운 의미를 부여한다. 예를 들어, 한 회사의 '이유진'이라는 사람이 성실한 태도로 일하면 그 이름이 '성실함'과 연결될 수 있고, 직장인 러닝 동호회에서 활동하는 '박지훈'이라는 사람이 노래를 잘 부르면 '동네 가수'라는 별명이 붙을 수도 있다. 의도했든 의도하지 않았든 우리는 이미 어떤 방식으로든 퍼스널 브랜딩을 하고 있는 셈이다.

이 책에서 말하는 퍼스널 브랜딩은 단순한 별명이나, 본인의 의도와 무관하게 타인의 인식에 의해 형성되는 과정을 의미하지 않는다. 내가 말하고자 하는 **퍼스널 브랜딩은 보다 의도적이고 전략적인 과정이다. 내 이름이 어떤 의미를 가질지 내가 직접 결정하고, 이를 세상에 각인시키는 과정이다.**

나는 이전 책에서 마케팅을 '진심을 번역하는 일', 브랜딩을 '사랑받는 메신저를 만드는 일'이라 정의한 바 있다. 이번 책에서는 퍼스널 브랜딩을 이렇게 정의하고자 한다.

"퍼스널 브랜딩이란 고유명사를 보통명사로 만드는 일이다."

시인 김춘수가 〈꽃〉에서 말했듯, 누군가의 이름을 불러 주는 일은 그 존재에 의미를 부여하는 일이다. 퍼스널 브랜딩은 그 이름에 가치를 더하고, 반복해서 각인시키는 과정이다.

'스티브 잡스'라는 고유명사는 이제 '혁신'이라는 보통명사로 통용된다. 이런 현상의 궁극적인 예는 종교에서 찾을 수 있다. 기독교의 예수는 본래 개인의 이름(고유명사)이다. 하지만 시간이 흐르며 '그리스도'(기름 부음을 받은 자, 헬라어 Christos)라는 보통명사와 동일시되었다. 불교도 마찬가지다. 고타마 싯다르타라는 개인의 이름은 점차 '부처'(깨달은 자, 산스크리트어 Buddha)라는 보통명사로 바뀌었다. 이처럼 어떤 개인의 이름이 특정 개념이나 가치의 상징으로 자리 잡는 것이 퍼스널 브랜딩의 궁극이다.

이를 위해 우리는 내 이름이 대변할 수 있는 대표 키워드를 정하고, 그것을 사람들의 인식과 감정 속에서 강하게 연결해야 한다. 이를 실현하기 위한 구체적인 방법이 바로 이 책에서 소개하는 프레임워크, 즉 NAME이다.

[퍼스널 브랜딩에 대한 오해 1]
직장인은 필요 없다?

 퍼스널 브랜딩이 중요하다는 건 알지만, 직장인은 예외라고 생각하는 사람이 많다. 퇴사를 하거나, 창업을 하려는 사람에게나 필요한 것이지 매달 월급을 받는 평범한 직장인에게는 해당되지 않는다고 여기는 것이다. 과연 그럴까? 결론부터 말하자면, 아니다. 오히려 더 절실할 수 있다. 직장에 있을 때도, 직장을 옮길 때도, 그리고 직장을 나선 이후에도 퍼스널 브랜딩은 큰 영향을 준다.

 근속 연수에 따라 자동으로 승진하던 시대는 끝났다. 이제는 신입사원으로 들어온 후배가 먼저 팀장이 되어 선배에게 업무를 지시하는 일도 드물지 않다. 이렇게 빠르게 승진하는 사람은 단지 일만 잘해서 그 자리에 오른 걸까? 물론 그런 경우도 있겠지만 현실적으로는 '묵묵히 일만 잘해서' 승진하는 케이스는 점점 줄고 있다. 그렇다고 모두가 조직 내 정치만 잘해서 승진하는 것도 아니다. 대부분의 경우 리더들의 머릿속에 '일을 잘한다', '그 자리에 적합하다'라는 인식을 남긴 사람이 승진한다.

여기서 중요한 사실이 있다. 일을 '잘한다'와 '잘해 보인다'는 다른 의미를 가진다는 점이다. 조용히 일은 잘하지만 인정받지 못하는 사람, 반대로 실속은 없는데 사람들 눈에 띄며 칭찬받는 사람이 있다. 즉 '잘한다'와 '잘해 보인다' 사이엔 생각보다 큰 간극이 있다.

물론 묵묵히 일하고 성과를 내는 사람을 제대로 알아보지 못하는 조직의 문제도 있다. 하지만 그걸 탓한다고 바뀌는 건 거의 없다. 우리 자신도 묵묵히 일하는 모든 사람을 다 알아채지 못한다. 세상은 원래 그런 식으로 작동한다. 중요한 건, 잘하는 만큼 잘 알리는 것이다. 일본에서 '천재 편집자'라 불리는 미노와 고스케는 후배들에게 이렇게 말한다. "자신의 이름을 남기는 것까지가 일이다."[4] 이를 여섯 글자로 줄이면 '퍼스널 브랜딩'이다.

내가 진행하는 브랜딩 모임에서 한 분이 이런 말을 했다. "이제는 하나의 직업이 하나의 인생을 대변하지 않는 시대입니다." 정확한 말이다. 와튼스쿨의 마우로 기옌Mauro F. Guillén 교수도 비슷한 말을 했다. 현대 사회에서는 한 사람이 평생에 걸쳐 2~3개의 서로 다른 커리어나 직업 역할을 가질 가능성이 높다.[5] 다시 말해 이직은 물론 직업의 방향을 바꾸는 전직조차 이제는 선택이 아니라 필수다.

그 경로를 바꿀 때마다 관건이 되는 건 결국 '이름값'이다. 내가 그동안 어떤 일을 했는지, 그걸 어떻게 보여 줘 왔는지에 따라 이직의 성패, 연봉의 상한선이 결정된다. 꾸준히 해 온 일을 잘 정리해 알렸다면 그것 자체가 훌륭한 포트폴리오가 된다. 더 중요한 건, 같이 일해 본 사람들이 내 이름을 어떻게 기억하고 있는가다. 새로운 직장의 인사 담당자가 과거 동료들에게 확인하는 '레퍼런스 체크'에서도 이 부분이 핵심이다. **'내가 나의 이름에 어떤 의미를 부여하고, 그 의미가 타인의 인식 속에서 어떻게 정착되는가'**

하는 모든 것이 퍼스널 브랜딩이다.

와디즈 PD들이 모여 쓴 책《신상품》, 북스톤, 2023.

　퍼스널 브랜딩을 잘하는 사람에게는 자연스럽게 기회가 따라온다. 예를 들어, 프로젝트 유치가 성과의 핵심인 와디즈 같은 크라우드 펀딩 플랫폼에서는, 내부 직원인 PD Project Director들이 스스로를 적극적으로 알리는 데 힘쓴다. 자신을 잘 드러낼수록 더 많은 브랜드가 연락을 주고, 더 좋은 프로젝트로 이어지기 때문이다. 실제로 2023년 와디즈 PD들은 자신이 해 온 프로젝트 경험과 노하우를 바탕으로 책을 출간하며 대외적인 인지도를 높였다.

　최근에는 많은 기업이 직원의 퍼스널 브랜딩을 단순히 '용인'하는 수준을 넘어 적극적으로 지원하고 있다. 광고 모델보다 진정성이 느껴지고, 연예인 못지않은 콘텐츠 감각을 지닌 사내 직원들이 오히려 더 주목받는 시대다. 소비자들은 점점 더 이런 '진정성'에 반응하고 있으며, 이 흐름을 반영하듯 '임플로이언서Employencer'라는 신조어도 생겼다. 직원Employee과 인플루언서Influencer를 결합한 이 단어는, 브랜드를 밖에서 돕는 사람이 아닌, 안에서 이끄는 사람이라는 새로운 브랜딩 역할을 말한다.

　2025년 서울국제도서전에서도 이 '임플로이언서'의 위력을 보여 주는 사례가 있었다. 수많은 출판사가 굿즈와 유명인 사인회를 내세워 관람객을 끌어모으는 가운데, 유독 길게 줄이 늘어선 부스가 하나 있었다. 바로 민음사였다. 그런데 그 줄의 이유는 책도, 굿즈도 아니었다. 독자들은 민음사 TV에 출연하는 한 직원과 사진을 찍기 위해 줄을 서고 있었고, 그 직원은 이미 '민음사의 얼굴'로 인식되고 있었다. 직원 개인의 콘텐츠와 매력이 브랜드의 이미지와 매출에까지 긍정적인 영향을 미치는 순간이었다. 퍼스널 브랜딩이 이제는 단순한 자기 표현을 넘어 기업의 브랜딩 전략이 되는 현실적인 사례라고 볼 수 있다.

이런 흐름은 의외로 보수적인 곳에서 먼저 시작됐다. 충주시의 김선태 주무관은 '충주맨'이라는 캐릭터로 전국적인 팬덤을 만들었다. 그의 인지도가 오를수록 충주시의 인지도도 함께 상승했다. 결국 충주시는 서울시를 제치고 지자체 유튜브 구독자 1위를 기록했다. 이어서 양산시의 하진솔 주무관, 코레일의 강하영 기관사처럼 각 기관의 얼굴이 되는 '임플로이언서'들이 계속 등장하고 있다.

사기업이 이 흐름을 놓칠 리 없다. 특히 유행에 민감한 패션업계는 누구보다 빠르게 반응한다. 삼성물산 패션부문은 유튜브 채널 '세상이 사랑하는 패션, 세사패TV'를 통해 4년 만에 15만 명의 구독자를 확보했다. 현재는 연예인을 중심으로 콘텐츠를 운영하고 있지만, 채널의 성장 초기에는 사내 직원들이 중심이 되어 콘텐츠를 제작했고, 그들의 자연스러운 매력과 진정성이 큰 반응을 끌어냈다.

무신사도 같은 흐름에 있다. 공식 인스타그램 계정에서는 매장 크루들이 직접 코디 콘텐츠를 선보이며 소비자와의 접점을 넓히고 있다. 더 나아가 무신사는 현대카드 직원들이 추천하는 오피스룩 콘텐츠도 제작하면서 다른 회사의 임플로이언서와 협업하는 방식으로 퍼스널 브랜딩의 외

연까지 확장하고 있다.

퍼스널 브랜딩은 **퇴사 이후를 대비하기 위한 보험이 아니다.** 지금 일하고 있는 이 순간에도 꼭 필요한 생존 전략이다. '일만 잘하는 사람'이 아닌 '일 잘하는 사람으로 기억되는 사람'이 되어야 한다. 퍼스널 브랜딩은 선택이 아니라, 지금 시대의 생존 전략이다.

퍼스널 브랜딩에 대한 오해 2
'나다움'이면 다 된다?

　내가 운영하는 브랜딩 모임에 놀러 오신 분이 인상적인 이야기를 했다. 본인의 인생에서 가장 즐거웠던 순간이 프랑스 여행이었고, 그 즐거움을 지속하고 싶어서 프랑스에 정기적으로 갈 수밖에 없는 사업을 구상했다는 것이다. 결과는 대성공이었다. 좋아하는 일을 사업으로 연결해 성과를 낸 셈이다. 누구라도 이상적으로 생각할 법한 그림이다. 이 이야기를 들은 누군가는 '성공의 핵심은 결국 나다움'이라고 생각할지도 모른다. 하지만 이는 빙산의 일각일 뿐이다.

　나다움은 물론 중요하다. 하지만 그것만으로는 부족하다. 특히 본인의 만족만으로는 지속적인 성장을 담보하기 어렵다. **'나다움'이 고객의 문제를 해결할 때 비로소 수익이 생기고, 그 일이 비즈니스로 지속 가능해지기 때문이다.** 이 단순한 진실은 자주 잊히곤 한다.

　우리가 자주 접하는 미디어 속 성공 사례는 대부분 예외적인 경우다. 언론은 '고객을 정확히 분석해 성실하게 대응한 사람'보다는, '자신이 좋아하는 일을 하다 보니 우연히 성공한 사람'의 이야기를 더 자주 조명한다. 뉴스는 본질적으로 비일상을 다루는 콘텐츠이고, 사람들은 어렵게 이룬 성공보다 쉽게 이룬 것처럼 보이는 성공 이야기 쪽에 더 끌리기 마련이다.

문제는 우리가 그 예외적인 이야기를 반복해서 접하다 보면, 그것이 마치 일반적인 공식인 것처럼 착각한다는 점이다. 뉴스News는 말 그대로 '전에 없던 새로운 일'이라는 뜻이다. 우리는 자주 회자되는 이야기와 자주 일어나는 현실을 구분할 줄 알아야 한다.

직업을 고민할 때 대부분 이렇게 질문한다.

"나는 무엇을 잘하지?"

"나는 무엇을 좋아하지?"

이 질문들은 당연히 중요하다. 하지만 여기에 하나를 더해야 한다.

"세상은 나에게 무엇을 원하지?"

이 질문을 함께 던질 때 '나다움'은 단순한 자기만족을 넘어 사회적 의미와 지속성을 갖게 된다.

영어에서 직업을 뜻하는 단어는 대표적으로 세 가지가 있다. job, occupation, vocation. 이 중 'vocation'은 흔히 '천직'으로 번역되는데, 어원을 거슬러 올라가면 라틴어 'vocare'에서 왔다. 뜻은 '부름Calling'이다. 종교가 있는 사람에게는 신의 부름이고, 종교가 없는 사람에게는 세상의 부름일 수 있다. 결국 '나다움'은 이 부름에 응답할 수 있을 때 비로소 힘을 가진다.

퍼스널 브랜딩도 마찬가지다. 나만의 색깔을 지키는 건 중요하다. 하지만 **그 색깔이 세상의 문제와 연결되어야만 비로소 의미를 갖는다.** 나다움은 출발점이지 도착지가 아니다. 세상의 부름에 응답할 때 나다움은 비로소 강력한 브랜드가 된다.

퍼스널 브랜딩에 대한 오해 3
유명해지면 끝?

'퍼스널 브랜딩'이라고 하면 보통 '유명해지는 일'이라고 생각하는 사람이 많다. TV에 출연하거나 유튜브에 얼굴을 비추는 것으로 모든 것이 끝난다고 여긴다. 하지만 정말 그럴까? 전 국민이 알 법한 연예인은 모두 본인이 원하는 삶을 살고 있을까? 그렇지 않다는 것을 우리 모두가 알고 있다.

코미디언 유세윤은 한 프로그램에서 이렇게 말했다. "모두가 아는데 일이 없는 상태가 가장 비참하다." 즉 인지도는 높은데 일이 없는 상태다. 이러한 일은 왜 일어날까?

일본의 인기 코미디언이자 사업가인 니시노 아키히로는 이 현상을 '인지 연예인'과 '인기 연예인'의 차이로 설명한다. '인지 연예인'은 모두가 알지만 수입이 없고, '인기 연예인'은 유명세에 걸맞은 신뢰와 수입을 함께 얻는다.[6] 이 둘을 가르는 핵심은 바로 **신뢰**다. 퍼스널 브랜딩도 마찬가지다. 신뢰는 퍼스널 브랜드의 생존을 결정짓는다.

이건 기업가들도 똑같이 말하는 원칙이다. 삼성의 이병철 회장과 현대의 정주영 회장 역시 신뢰, 즉 '신信'의 중요성을 강조했다. 이병철 회장의 자서전《호암자전》에는 이런 문장이 있다. "비록 손해를 보는 일이 있더라도 신용을 잃어서는 안 된다." 어릴 적부터 그의 아버지는 인의예지신 중에서도 '신'을 가장 강조했다고 한다.[7]

정주영 회장도 자신의 회고록《시련은 있어도 실패는 없다》에서 이렇게 말했다. "신용이 곧 자본이다. 돈이 없어도 신용만 있으면 기업을 할 수 있다."[8] 그 역시 돈보다 신뢰가 먼저라고 말한 셈이다.

이 원칙은 1인 콘텐츠 창작자에게도 똑같이 적용된다. 예를 들어, 어떤 헬스 유튜버가 빠르게 유명해지고 싶어서 '하루 만에 3kg 빼는 법'처럼 자극적인 콘텐츠를 올린다고 해 보자. 당장은 클릭률과 조회수가 높겠지만, 그 약속을 지키지 못한다면 그건 결국 '신뢰의 파산'이 된다. 한두 번 그의 영상을 보는 사람은 있어도 지속적으로 찾아보는 사람은 없을 것이다. 그에게는 신뢰가 없기 때문이다.

퍼스널 브랜딩에서 신뢰란 무엇일까? 간단하다. 언행일치를 하는 것이다. 내가 던지는 메시지를 사람들이 직접 경험하거나 지켜보는 과정에서 "이 사람, 진짜구나!"라고 느끼는 순간 신뢰는 쌓이기 시작한다. 아무리 멋진 말이나 화려한 닉네임도 실제 행동이 그에 미치지 못하면 그 퍼스널 브랜드는 오래가지 못한다.

지인 중에 '세실'이라는 닉네임을 쓰는 분이 있다. 세례명 '세실리아Cecilia'에서 따온 이름인데, 더 많은 사람이 쉽게 기억할 수 있게 '세상의 실마리'라는 뜻을 붙여 보자고 제안했다. 세상을 관찰하고 정리해서 나누는 걸 좋아하는 사람이었기에 잘 어울렸다. 사람들도 '세상의 실마리, 세실'이라는 표현을 기억하고 좋아해 줬다. 메시지와 행동이 일치했기 때문에 그 이름은 결국 하나의 신뢰 기호가 되었다.

단순히 구독자가 많다고 퍼스널 브랜딩이 잘되는 건 아니다. 물론 '유명해지는 것 자체'를 목표로 한다면 할 말은 없다. 하지만 대부분은 퍼스널 브랜딩을 통해 자신의 전문성을 알리고, 하고 싶은 일을 하며 경제적 자율성을 얻고자 한다.

진짜 중요한 건 '얼마나 알려졌는가'가 아니라 '무엇으로 기억되는가'다. 자극적인 콘텐츠로만 구독자 100만 명을 보유한 유튜버보다 전문성과 연결된 콘텐츠로 1만 명의 구독자를 확보한 사람이 더 많은 수익을 얻는 경우도 많다. 바로 신뢰 기반의 퍼스널 브랜딩이기 때문이다.

퍼스널 브랜딩의 본질은 단순한 인지도가 아니다. 그것은 신뢰가 차곡차곡 쌓여 드러나는 결과다. 그래서 퍼스널 브랜딩은 '보여 주는 기술'이 아니라, '신뢰를 쌓아 올리는 예술'이다.

당신에게
NAME이 필요한 이유

    퍼스널 브랜딩은 결국 '신뢰'의 문제다. 내가 누구인지, 무엇을 지향하는지, 그리고 그것을 어떻게 증명해 왔는지 보여 주는 일이다. 그렇다면 질문을 바꿔 보자. 신뢰를 기반으로 한 퍼스널 브랜딩은 어디서부터 시작해야 할까? 그 출발점을 제시해 줄 하나의 창, 하나의 기준이 바로 NAME이라는 프레임워크다.

    좋은 프레임워크는 단순해야 한다. 그래야 생각의 기준이 되고, 실천의 출발점이 될 수 있다. 복잡한 구조는 실천을 어렵게 만든다. 예를 들어, "생명이란 무엇인가?"라는 질문을 던져 보자. 답하기 쉬워 보이지만, 막상 설명하려면 막막해진다. 그런데 도쿄대학교 교수 이케가미 다카시는 이 질문을 '자기 유지, 자기 복제, 자기 복원'이라는 세 가지 개념으로 정리한다.[9] 이 프레임을 통해 생명이란 무엇인지, 생명을 유지하려면 무엇을 해야 하는지가 단순 명료하게 보인다.

    NAME도 마찬가지다. '이름Name'이라는 단어 자체에 퍼스널 브랜딩의 핵심을 담았다. 나의 이름을 알리고, 그 이름에 신뢰를 더하기 위해서 NAME은 그 목표를 구체화하고, 이를 행동으로 연결하는 네 가지 과제를 제시한다. 길을 잃었을 때 다시 방향을 잡게 해 주는 나침반 같은 역할을 한다. 지금 내가 무엇을 해야 하는지, 어디에 집중해야 하는지 확인할 수 있도록 도와준다.

프레임워크는 단순하기만 해서는 부족하다. 중복되는 항목이 없어야 하고, 중요한 요소가 빠져서도 안 된다. 이 원칙을 세계적인 컨설팅 회사 맥킨지앤컴퍼니에서는 MECE Mutually Exclusive, Collectively Exhaustive라고 부른다. 즉 내용 간의 중복은 없고 Mutually Exclusive, 전체적으로는 빠짐없이 포괄해야 한다 Collectively Exhaustive는 뜻이다. 이 두 가지 조건을 갖춘 구조만이 문제를 명확하게 정의하고, 전략을 세울 수 있는 프레임워크로 인정받는다.[10]

NAME을 만들 때도 이 점에 집중했다. 내용이 겹치지 않도록 구조를 단순화했고, 단순화하는 과정에서 빠진 게 없는지 끝까지 점검했다. 각 단어는 서로 다른 퍼스널 브랜딩의 과제를 설명하며, 서로 중복되지 않는 고유한 역할을 가진다.

NAME은 단순히 네 개의 단어를 나열한 것이 아니다. 이 네 단어는 퍼스널 브랜딩의 전체 여정을 구조화한 하나의 설계도다.

- **Navigate**: 나를 찾는 항해다. 내가 누구인지, 무엇을 중요하게 여기는지 명확히 해야 모든 전략이 시작될 수 있다. 자기 이해 없는 브랜딩은 껍데기에 불과하다.
- **Aim**: 나의 팬을 향해 정조준하는 단계다. 퍼스널 브랜딩은 혼자 빛나는 것이 아니라, 누군가의 문제를 해결할 때 힘을 가진다. 따라서 '나를 가장 필요로 하는 사람'과 '나다움이 가장 빛날 시장'을 찾아야 한다.

- **Megaphone**: 나의 메시지를 확장하는 일이다. 내가 어떤 가치를 전하고 싶은지 세상에 '들리는 방식'으로 표현해야 한다.
- **Earn**: 퍼스널 브랜드를 기반으로 기회를 얻고, 신뢰를 수익으로 전환하는 단계다. 퍼스널 브랜딩은 결국 지속 가능한 기회를 만들어 내는 '시스템'이 되어야 한다.

NAME은 순서대로 따라가도 좋고, 지금 나에게 부족한 단계를 기준으로 되돌아보는 데 써도 좋다. 중요한 것은 '내 이름이 어떤 의미를 담을 것인가', 그리고 '그 의미를 어떻게 세상과 연결할 것인가'를 끊임없이 점검하게 해 주는 프레임이라는 점이다.

NAME은 단순히 이론을 설명하는 틀이 아니다. 처음에는 세상을 바라보는 나만의 '창'이 되고, 방향을 잃었을 땐 다시 나아갈 길을 알려 주는 '나침반'이 되며, 궁극적으로는 나의 이름을 브랜드로 완성해 나가기 위한 '설계도'가 된다.

이제 NAME이라는 프레임워크를 실제로 어떻게 적용하고 실행할 수 있을지 살펴볼 차례다. 'Part 2'에서 당신의 이름이 '브랜드'가 되는 여정을 본격적으로 시작하고자 한다.

NAME

PART 2

퍼스널 브랜딩 프레임워크 NAME

NAVIGATE

"인생을 발견하기 위해서는 인생을 낭비해야 한다."
앤 모로 린드버그 Anne Spencer Morrow Lindbergh

CHAPTER 2
나를 찾는 '항해'

나를 모른다는 것조차
나는 모른다

　세상에서 가장 그리기 쉬운 그림은 무엇일까. 익숙한 것이 가장 쉬울 거라고 생각하기 쉽다. 그런데 중국 전국시대 사상가 한비가 쓴 《한비자 韓非子》에는 이 통념을 뒤집는 이야기가 등장한다. '귀매최이鬼魅最易'로 요약되는 일화다.

　이 일화에서 제나라 왕은 식객에게 묻는다. "무엇을 그리기 가장 어려운가?" 식객은 개와 말을 꼽는다. 이어 "가장 쉬운 것은 무엇인가?"를 묻자, 그는 "귀신과 도깨비"라고 답한다. 이유는 명확하다. 개와 말은 누구나 매일 보기 때문에 조금만 달라도 금세 들키지만, 귀신과 도깨비는 아무도 본 적이 없으니 제멋대로 그려도 문제되지 않기 때문이다.

　'나'라는 존재도 그렇다. 매일 나 자신을 바라보며 살아가지만, 그것이 곧 나를 정확히 아는 것은 아니다. 우리는 익숙함에 속아 자신에 대해 착각하고 있을 수 있다. 스스로를 안다고 생각하지만, 사실은 '모른다는 것조차 모르는 상태'일 수 있다. 문제는 바로 여기에 있다.

미국 국방장관을 지냈던 도널드 럼스펠드Donald Henry Rumsfeld에 따르면, 인간 인식의 범주는 다음과 같이 나눌 수 있다.[12]

1. 사실의 영역	2. 질문의 영역	3. 직관의 영역	4. 탐구의 영역
알고 있다는 걸 아는 것	모른다는 걸 아는 것	알고 있다는 걸 모르는 것	모른다는 걸 모르는 것

우리가 스스로에 대해 확실히 말할 수 있는 건 대부분 1번과 2번에 한정된다. 3번과 4번의 영역은 불확실하고 낯설다. 그래서 우리는 무엇보다 '모른다는 것조차 모르는 상태'를 인식하고, 스스로를 탐구하는 항해를 시작해야 한다.

어떤 이는 '나다움'이란 내키는 대로 사는 것이라 생각한다. 하지만 아니다. 오히려 그 반대다. 내키는 대로 편하게 사는 것은 생존 본능을 따르는 것이고, 진짜 나답게 사는 건 사회의 기준과 때로는 충돌하는 '본래의 나'를 지켜 내는 일이다. 동양철학의 대가로 불리는 최진석 교수는 이를 '욕구'와 '욕망'의 차이로 설명했다. 생존을 위해 텃밭을 가꾸는 행위는 욕구이고, 생존과 무관하게 정원을 가꾸는 것은 욕망이라는 것이다. 결국 '나'를 탐구한다는 건 생존을 넘어서 정원을 가꾸려는 시도에 가깝다.

'나'를 찾는 일은 항해와 같다. 안전한 항구를 벗어나 폭풍우가 몰아치는 망망대해로 나아가는 일이다. 내가 잘한다고 믿었던 것, 좋아한다고 생각했던 것부터 다시 의심하고, 때로는 지워야 한다. 우리는 생각보다 외부 기준에 맞춰 살아가는 경우가 많다. 가장 나답지 않은 행동을 할 때 비로소 나다움을 깊이 있게 마주하게 된다.

믿기 어려울지도 모르지만, 10여 년 전만 해도 나에게 가장 나답지 않은 일은 글쓰기였다. 그때 나는 베이글과 아메리카노는 왜 먹는지 몰랐고, 글보다는 말이 효율적이라고 생각했다. 그런데 지금은 따뜻한 베이글에 크림치즈를 바르고, 김이 모락모락 나는 아메리카노를 마시며 글을 쓰고 있다. 그렇게 가장 나답지 않다고 여겼던 라이프스타일이 지금은 가장 나다운 것이 되었다.

철학자 스피노자Baruch Spinoza는 인간이 성별, 학력, 직업, 직함 등 외부 기준을 따라 살아가는 행위를 에이도스Eidos를 따르는 것이라 설명했다. 반면 본래의 자신다운 자신으로 있으려는 힘을 코나투스Conatus라 불렀다.13 우리가 따라야 할 것은 에이도스가 아니라 코나투스다. '해야 할 일'에 익숙해진 삶에서는 '하고 싶은 일'이 점점 희미해진다.

지금은 본인만의 길을 걸어가고 있는 이동진 영화 평론가도 그랬다. 오랜 직장 생활을 접고 방황하던 그는 안경점에 들른 어느 날 문득 깨달았다. "나는 회사도 그만두었는데 왜 여전히 무난한 안경테를 고르고 있지?" 그 깨달음 끝에 그는 그 누구도 쉽사리 택하지 않는 빨간색 테 안경을 선택했다. 사회의 기준이 아닌 본인의 기준으로 안경을 고른 것이다. 지금 '빨간 안경'은 이동진을 상징하는 트레이드마크가 되었다.

일본의 경영자 나고네 슈는 해야 할 일은 외부 기준에 따라 결정되고, 하고 싶은 일은 내면의 기준에 따라 결정된다고 했다.14 나를 찾는 항해는 '누구나 하니까'가 아니라 '나이기 때문에' 시작해야 하는 일이다.

서툴러도 괜찮다. 계획이 없어도 괜찮다. 중요한 건 안전하다고 믿는 항구에서 벗어나는 용기다. 그런 말이 있지 않은가.

"배는 항구에 있을 때 가장 안전하다. 그러나 그것이 배의 존재 이유는 아니다."*

이제 나를 찾는 항해를 떠나 보자. 거친 폭풍우 속에서도 포기하지 말고, 내면의 소리에 귀 기울이며 나만의 방향을 찾아가자. 이 여정은 외부의 기대에 맞추는 삶에서 벗어나, 스스로의 신념에 따라 살아가기 위한 첫걸음이며, 진정한 퍼스널 브랜딩의 출발점이다. 그리고 마침내 도착한 그곳에서 우리는 비로소, 타인의 기준이 아닌 '나'의 기준으로 살아갈 수 있는 단단한 힘을 얻게 될 것이다.

이제, 부두에 단단히 묶여 있던 밧줄을 단칼에 끊고, 드넓은 바다로 나아갈 시간이다.

---

* 요한 볼프강 폰 괴테의 말로 알려져 있지만, 실제로는 작가 존 A. 셰드가 1928년에 출간한 《내 다락방의 소금(Salt from My Attic)》에 처음 등장한 것으로 확인된다.

왜 시작하지 못하는가? 1
구릴 수 있는 용기

    4년 이상 마케팅/브랜딩 모임을 운영하며 수많은 인사이트를 나눴다. 참여자들도 마찬가지였다. 그런데 이상하게도 실행에 옮긴 사람은 많지 않았다. 퍼스널 브랜딩을 위한 구체적인 방법과 실용적인 전략까지 알아도 정작 행동으로 옮긴 사람은 드물었다. 왜일까?

    게으름도, 의지력 부족도 아니다. 오히려 그 반대였다. 참여자들은 그 누구보다 성실한 사람들이었다. 본업도 열심히 하고, 주말 아침 10시에 독서모임에 참여하려고 책을 읽고, 독후감을 쓰고, 불금까지 포기하며 일찍 일어나는 사람들이었다. 그 사람들에게 "게으르다", "의지가 부족하다"라는 말은 어울리지 않는다.

    그렇다면 왜 알면서도 하지 못하는 걸까?

    생각보다 이유는 단순했다. 너무 잘하려고 하기 때문이다. 단 하나의 실수나 실패도 용납하지 않으려는 마음으로 시작도 전에 마라톤 완주를 상상하니 첫발조차 내딛기 어려운 것이다. '첫 술에 배부를 수 없다'는 사실을 알면서도 머릿속에는 처음부터 완벽한 결과물이 그려진다. 그러니 막막해질 수밖에 없다.

문제는 이런 완벽주의적 태도가 지금 시대에 일하는 방식과 맞지 않는다는 점이다. 생명과 직결된 일이나 고도의 정밀함이 필요한 분야가 아니라면 **이제는 '완성 후 애프터서비스A/S*'가 아니라 '미완성으로 시작하고, 계속 업데이트하는'** 방식이 더 적합하다. 이를 '영속적 베타Perpetual Beta'라고 부른다.15

'베타'는 정식 출시 전의 테스트 버전이다. 이제는 그 상태로도 세상에 내놓고 반응을 보며 개선해 가는 것이 당연한 시대가 되었다. 원래는 소프트웨어 업계에서 쓰이던 개념이지만, 요즘은 개인이나 브랜드에도 자주 인용된다. 완성이라는 개념 자체가 점점 의미를 잃고 있다. 늘 베타버전으로 나가고, 반응을 보고, 계속 바꿔 나간다.

실패도 마찬가지다. 실패를 실패로만 보지 않아야 한다. 히말라야 등반을 다녀온 분에게 들은 이야기가 있다. 등반 당일 날씨가 흐려 기대했던 풍경을 보지 못할까 걱정하던 그녀는 가이드에게 물었다. 그러자 가이드는 이렇게 말했다.

"비가 오거나 안개가 끼면 '화이트 마운틴White mountain'을 보게 되는 거죠. 그것도 멋진 풍경이에요."

같은 상황에 대해 우리는 '허탕쳤다'라고 생각할 수 있지만, 네팔 사람들은 그것을 또 하나의 아름다운 풍경, 즉 화이트 마운틴으로 받아들인다. 예상과 다르다고 해서 실패는 아니다. 관점만 바꾸면 모든 시도는 의

---

* '애프터서비스'는 한국에서 통용되는 표현이나, 실제 영어권에서는 사용되지 않는 콩글리시(Konglish)다. 본문에서는 독자의 이해를 돕기 위해 '애프터서비스'라는 용어를 사용하였으며, 정확한 영어 표현은 '애프터 세일즈 서비스(after-sales service)'다.

미를 가진다.

관점을 바꾸는 또 하나의 사고방식이 있다. 일본의 경제학자 야스토미 아유미는 인간의 문제 해결 방식을 크게 두 가지로 구분한다. 하나는 '엔지니어링Engineering', 다른 하나는 '브리콜라주Bricolage'다.[16]

엔지니어링은 어떤 일을 시작하기 전에 체계를 먼저 설정하고, 이를 실현하기 위해 필요한 자원과 조건을 명확히 파악해 부족한 부분을 보완하거나 새롭게 개발하는 방식이다. 이론상으로는 논리적이지만 현실에서는 거의 불가능에 가깝다. 해 보기 전까지는 무엇이 필요한지조차 알 수 없기 때문이다. 실제로는 준비가 끝났다고 생각한 순간에도 새로운 문제가 생기고 또 다른 준비가 필요해진다.

반면 브리콜라주는 지금 자신이 가진 자원을 명확히 인식하고 그 안에서 문제를 해결하거나 때로는 문제 자체를 재정의하며 접근하는 방식이다. 생존 본능처럼 작동하기에 생명의 진화 자체가 브리콜라주의 증거다. 예컨대 인간의 팔은 키보드를 치려고 설계된 것이 아니라 네 발로 걷던 조상의 앞다리를 재활용한 결과인 셈이다.

우리는 결국 브리콜라주할 수밖에 없다. **브리콜라주는 지금 손에 쥔 것으로 일단 해 보는 방식이다. 완벽한 조건은 나타나지 않는다.** 이미 갖고 있는 경험과 지식, 그리고 자원을 활용해 '지금 할 수 있는 것'부터 시작해야 한다. 마치 전쟁터에서 환자가 발생했을 때 의사는 나이프 대신 주방용 칼이나 깨진 유리 조각을 쓰고, 소독약이 없으면 위스키나 보드카 같은 도수가 높은 술로 대체해 사용하며, 붕대가 없으면 자신의 셔츠를 찢어 지혈하는 것과 같다.

이처럼 브리콜라주는 완벽한 준비가 아니라 지금 있는 것으로 시작하는 법을 알려 준다. 완벽하지 않은 도구와 자원으로 시작할 때 필요한 건 멋진 결과가 아니라 어설픈 출발을 감수하는 용기다. 그 출발선에서 필요한 것이 있다. 바로 '구릴 수 있는 용기'다.

나 역시 그랬다. 사업을 시작하고도 웹사이트를 5개월 넘게 만들지 못했다. 회사 소개, 서비스 신청, 뉴스레터, 후기 모음까지 머릿속에는 이 모든 것을 아우르는 멋진 사이트가 있었지만, 큰 돈을 들이지 않고는 만들 수 없었다. 구상 자체도 막연했다. 공부만 계속할 뿐 진전이 없었다. 아예 시작을 못했다. 그러다 어느 날 문득 떠올랐다. 내가 늘 모임 참여자들에게 말했던 그 문장.

"구릴 수 있는 용기가 필요합니다."

새로운 시도는 어설프기 마련이다. 처음부터 완벽하면 그건 시도가 아니다. 시도는 늘 부족하고 불안하다. 첫 결과물이 구리지 않다면 그건 시도라고 할 수 없다. 그래서 '구릴 수 있는 용기'는 곧 '시도할 수 있는 용기'다. 처음부터 호랑이를 그리겠다는 마음에 시작조차 망설이던 나는, 결국 중요한 건 내 손에 있는 도구로 지렁이라도 그려 보는 용기라는 사실을 깨달았다.

결심하고 나니 이틀 만에 웹사이트가 만들어졌다. 지인의 도움을 받아 노션으로 회사 소개서를 만들고, 구글 폼으로 서비스 신청을 받고, 여러 페이지를 하나로 묶어 주는 링크 허브 서비스인 '리틀리'로 페이지들을 묶었다. 완벽하진 않았지만, 그제야 사업이 굴러가기 시작했다. 구린 첫 시도가 변화의 시작이 되었다.

이 경험에서 자신감을 얻은 나는 최근, '12 MVP~Minimum Viable Product~(시장 반응을 보기 위한 최소 기능 제품) 프로젝트'를 시작했다. 미국의 유명 1인 기업가 피터 레벨스~Pieter Levels~가 12개월 동안 12개의 스타트업을 개발·실험했던 초단기 실행 전략에서 영감을 받은 것이다. 나 역시 1년 동안 매달 새로운 상품, 서비스, 혹은 이벤트를 런칭하는 도전을 이어 갈 예정이다.

완벽하게 준비되었을 때 시작하겠다는 생각으로 수개월을 허비했던 과거의 굴레에서 벗어나기 위한 실험이다. '구릴 수 있는 용기'는 당면한 과제를 피하고 계획을 미루는 나를 깨우는 가장 실질적인 실행 전략이 되었다.

퍼스널 브랜딩에서도 마찬가지다. 나를 찾는 여정 역시 완벽한 계획서로 시작되지 않는다. 구릴 수 있는 용기가 있어야 한다. 처음부터 100점을 기대하면 아무것도 할 수 없다. 아무것도 안 하면 0점이다. 구릴 수 있는 용기만 있으면 적어도 1점은 만들 수 있다. 그 1점이 쌓이면 결국 100점이 된다.

완벽하지 않아도 괜찮다. 중요한 건 시작이고, 시작은 늘 어설프다. 그러니 지금 바로 구릴 수 있는 용기로 한 발 한 발 내디뎌 보자.

왜 시작하지 못하는가? 2
최악을 미리 그려 보기

한 청년이 있었다. 그는 창업을 꿈꿨지만 '망하면 어떻게 하지?'라는 두려움에 쉽게 실행으로 옮기지 못했다. 그래서 스스로에게 물었다. '최악의 상황은 뭘까?'

그가 떠올린 최악은 하루 1달러로 살아야 하는 삶이었다. 그는 실제로 해 보기로 했다. 한 달 동안 30달러로 생활하며 버텨 보는 실험이었다. 핫도그, 파스타, 오렌지 같은 간단하고 저렴한 음식으로 생활해 보았다. 30일이 지나고 나서 그는 이렇게 느꼈다.

'어? 생각보다 괜찮은데?'

그는 이 경험을 통해 두려움을 구체적으로 마주했고, 그게 생각보다 별게 아니라는 걸 확인했다. 이후 그는 본격적으로 창업에 뛰어들었고 테슬라, 스페이스X 등 다양한 회사를 이끌며 세계에서 가장 영향력 있는 기업가로 자리 잡았다. 그의 이름은 일론 머스크Elon Musk다. [17*]

이처럼 미래에 일어날 수 있는 최악의 시나리오를 미리 상상해 보는 사고 훈련을 스토아 철학에서는 '프리메디타치오 말로룸Premeditatio Malorum'이라 부른다. 우리가 어떤 일을 쉽사리 시작하지 못하는 건 대부분 결과가 나쁠 것 같아서가 아니라 결과를 알 수 없기 때문이다. 그래서 단순한 상상에서 그치지 말고, 가능한 한 실제로 시도해 보는 것이 가장 효과적이다. **실제로 해 보면 생각보다 별일 아니라는 걸 깨닫게 되기 때문이다.**[18]

나도 그랬다. 공동 창업한 회사를 나와 홀로서기를 앞두고 있었을 때, 겁이 났다. 인생의 중요한 시기에 나 혼자 회사를 차리고 일을 책임진다는 것이 막막했다. 망하더라도 돌아갈 회사가 마땅치 않다는 생각이 들자, 두려움은 더욱 커졌다. 두려움은 밤을 길게 만들었고, 잠은 쉽사리 오지 않았다.

나는 결국 '망해도 내가 쉽게 할 수 있는 일'을 해 보기로 했다. 그중 하나가 쏘카의 핸들러 서비스였다. A 지점의 차를 B 지점으로 옮겨 주는 일인데, 거리나 시간대에 따라 비용이 달랐다. 시간이 날 때마다 핸들러 일을 해 봤고, 걱정했던 것보다 할 만했다. 갑작스레 비가 쏟아진 날, 우산도 없이 온몸이 젖어 가며 차를 운전하던 순간도 있었다. 대중교통이 닿지 않는 지점에 차를 내려놓고 하염없이 걸어 나와 버스를 기다리던 날도 있었다. 그때는 몸도 마음도 지쳤지만 문득 이런 생각이 들었다. '어쩌면 이건 해피엔딩 소설 속 주인공이 잠시 겪는 시련일지도 몰라.'

이 경험 덕분에 '최악'이 그렇게까지 두려운 상황이 아니라는 걸 알게 됐고, 결국 나만의 일을 시작할 수 있는 용기를 얻게 됐다. 이처럼 '두려움의 끝'은 의외로 '기회의 시작'이 되기도 한다. 이를 잘 보여 주는 사례가

---

* 일론 머스크는 2015년 인터뷰에서 '지금은 물가가 많이 오른 데다 하루 1달러 생활이 실제로도 그리 유쾌한 경험은 아니기 때문에 그런 삶을 권하고 싶진 않다'고 말했다.

있다.

2년제 대학을 졸업하고, 비서로 사회생활을 시작한 사회 초년생이 있었다. 그런데 사장에게 사무직에 적합하지 않다는 말을 들은 뒤 회사를 그만두게 됐다. 대부분의 사람에게는 큰 충격일 수 있는 일이다. 하지만 그녀는 좌절하지 않고 어머니가 하던 속옷 장사를 도우며 온라인 판매를 시작했다.

당시만 해도 인터넷 쇼핑몰에는 상품 사진 하나 제대로 올라오지 않던 시절이었다. 그녀는 포토샵으로 직접 사진을 편집해 올렸고, 그렇게 올린 첫 상품으로 매출 1,000만 원을 기록했다. 이후 브랜드를 키워 세계적인 뷰티 기업 로레알에 약 6,000억 원을 받고 회사를 매각했다. 바로 스타일난다의 김소희 대표 이야기다. '최악이라 생각했던 순간'이 '가장 위대한 시작'이 될 수 있다는 걸 그녀는 몸소 증명해 보였다.

당신도 이 사고 훈련을 쉽게 실천해 볼 수 있다. 퇴사가 두렵다면, 최악의 상황을 주말마다 미리 체험해 보자. 퇴사 후 마주할 수 있는 현실을 짧게나마 겪어 보는 것이다. 예를 들어, 주말마다 나처럼 쏘카 핸들러나 배달 라이더 일을 해 보거나, 재능 마켓에 서비스를 등록해서 평소에 해 보지 않았던 고된 일을 해 보는 식이다. 평일에는 현재의 삶을 유지하면서 주말만큼은 미래의 '최악' 속에서 살아 보는 것이다. 그렇게 살아 보면 생각보다 견딜 만하다는 걸 깨달을 수 있다. 상상만으로는 얻을 수 없는 용기가 실제 경험에서 생겨난다.

우리의 두려움은 대부분 '부정적 결과'보다는 '알 수 없는 미래'에서 비롯된다. 공포 영화가 무서운 건 괴물이 등장할 때가 아니라 존재를 알 수 없을 때다. 그림자처럼 어른거릴 때 상상이 공포를 키운다. 주식시장에서 투자자가 가장 두려워하는 것도 '위험'이 아니라 '불확실성'이다.

지금 퇴사를 망설이고 있다면, 그 두려움에 상상 가능한 '최악의 시나리오'라는 빛을 비추어 보자. 그 빛으로 두려움을 뚜렷하게 바라보고, 그것이 정말 견딜 수 없는 고통인지, 아니면 감당 가능한 불편함인지 스스로 확인해 보는 것이다.

최악을 상상하고, 그 너머에 있을 최선을 기대해 보자. 그 작은 용기 하나가 당신의 이름을 세상에 새롭게 새기는 시작이 될지도 모른다.

왜 시작하지 못하는가? 3
한 손엔 예금, 다른 손엔 복권

어떤 일은 보상이 즉각적으로 따르고, 어떤 일은 시간이 지나야 보상이 따른다. 다시 말해, 노력한 만큼 결과가 바로 나타나는 '사냥' 같은 일이 있는가 하면, 시간차를 두고 나중에야 보상이 주어지는 '농사' 같은 일도 있다. 대부분의 사람들은 사냥처럼 지금 당장 만족이 보장되는 선택을 선호한다. 경제학에서는 이를 '시간선호Time Preference'가 높다고 표현한다.

인간이 문명을 이루게 된 건 다른 동물보다 시간선호가 낮았기 때문이다. 경제학자 한스-헤르만 호페Hans-Hermann Hoppe에 따르면, 인류는 당장의 사냥을 줄이고 도구를 만들었고, 더 나아가 농경과 기술 개발을 통해 진화를 거듭했다. 미래를 위한 준비, 즉 보상이 늦더라도 기다릴 줄 아는 태도가 문명을 만든 것이다.[19] 이건 인류 전체의 이야기일 뿐 아니라 우리 각자의 삶에도 그대로 적용된다.

직장인은 매달 정해진 월급을 받는다. 큰 일이 없는 한 한 달을 버티면 일정한 돈이 들어온다. 퇴근 후와 주말에는 즉각적인 즐거움을 주는 수많은 선택지가 있다. 이렇게 즉각적인 보상이 반복되는 구조에 익숙해지면 장기적인 목표를 위한 투자는 점점 멀어진다. 즉각적인 보상에만 집중하는 삶은 시간선호가 높은 삶이다. 말하자면 개인 차원의 '문명화'가 지연되는 삶이다.

그렇다고 지금 회사를 무턱대고 그만둘 수는 없다. 가족의 생계를 책임지는 가장일 수도 있고, 무엇보다 고정 수입이 없을 때 겪는 절박함이 오히려 잘못된 선택을 유도하기도 한다. 소득이 불안정하면 시간의 지평이 짧아지고, '하루 벌어 하루 사는' 사고방식에 갇히기 쉽다. 현실적인 해답은 무엇일까? 나심 니콜라스 탈레브Nassim Nicholas Taleb가 제안한 '바벨 전략Barbell Strategy'이 좋은 힌트를 준다.

이 전략을 쉽게 비유하자면, 한 손엔 '예금'을, 다른 한 손엔 '복권'을 쥐는 것과 같다. 한쪽은 손해 볼 리 없는 안정된 수익이고, 다른 한쪽은 불확실하지만 당첨될 경우 인생을 바꿀 수도 있는 기회다. 명심해야 할 점은 이 둘을 동시에 유지하는 데 있다. 예금은 삶의 기반을 지탱해 주고, 복권은 인생의 확장을 가능하게 만든다.

이 전략은 이름 그대로 바벨 양쪽에 서로 다른 성격의 무게를 실어 균형을 맞추는 방식이다. 한쪽은 로우리스크/로우리턴Low Risk, Low Return으로 안정적인 수익을 주는 일, 다른 한쪽은 하이리스크/하이리턴High Risk, High Return으로 수익은 클 수 있지만 불확실성이 큰 일이다. 핵심은 이 두 원판을 동시에 갖는 것이다. **그 중간의 애매한 전략을 피하고, 양극단을 적절히 활용해 전체적으로 '로우리스크·하이리턴' 구조를 만들어 내는 것이다.**[20]

이 바벨 전략을 잘 활용한 사람 중 하나가 바로 알베르트 아인슈타인Albert Einstein이다. 그는 특허청에서 일하면서(로우리스크/로우리턴) 안정적인 수입 기반을 만들었고, 한편으로는 당시 누구도 주목하지 않던 상대성 이론과 광전효과를 연구했다(하이리스크/하이리턴). 결국 이 하이리스크/하이리턴 원판이 그를 노벨상 수상자로, 과학계의 혁신가로 만든 것이다.

세계적인 소설가 무라카미 하루키도 스스로는 의식하지 못했겠지만, 일종의 바벨 전략을 썼다. 낮에는 카페, 밤에는 술집으로 운영되는 가게를 운영하면서(로우리스크/로우리턴) 《바람의 노래를 들어라》와 《1973년의 핀볼》 같은 초기작을 발표했고(하이리스크/하이리턴), 두 작품 모두 아쿠타가와상* 유력 후보작으로 거론되며 문단에서 가능성을 인정받았다. 특히 《바람의 노래를 들어라》로 군조신인문학상을 수상하면서 작가로서의 길에 확신을 얻었고, 결국 가게를 정리하고 전업 작가의 삶에 집중하게 되었다.[21]

본업과 부업이 꼭 달라야 하는 건 아니다. 일본의 편집자 미노와 고스케는 출판사에서 성과를 쌓은 뒤, 그 실적을 기반으로 외부 기고, 강의, 컨설팅, 온라인 프로젝트 등 다양한 활동을 전개했다. 중요한 건, 그 모든 활동이 회사 밖에서의 개인 브랜드를 확장하는 동시에 본업에도 긍정적인 영향을 미쳤다는 점이다. 그는 단순히 '회사 몰래 부업'을 한 것이 아니라 회사와 시너지를 만드는 방식으로 자신의 브랜드를 설계했다.

여기서 말하고 싶은 건 단순한 '본업+부업'이 아니다. **지금 당장 돈이 되지 않더라도, 내가 좋아하거나 잘할 수 있는 일을 실험해 보라는 것이다.** 무엇보다 그 일이 미래의 가능성으로 발전할 수 있다는 점을 잊지 말아야 한다.

---

* 아쿠타가와상(芥川賞)은 일본에서 가장 권위 있는 신인 순문학 작가 대상 문학상으로, 등단 이후 문단에서의 입지를 굳히는 중요한 이정표로 여겨진다.

나에게 그 원판은 '독서모임장'이었다. 당시 다니던 회사에서 겸업을 금지하여 돈을 벌 수 있는 부업은 엄두조차 내지 못했다. 그러다 보니 자연스럽게 돈은 되지 않지만 흥미가 있는 일들에 시간을 쓰게 되었고, 그중 하나가 독서모임장이었다. 당시만 해도 독서모임장을 '직업처럼' 진지한 마음으로 임하는 사람은 드물었다. 그 덕분에 작은 노력만으로도 쉽게 전문성을 쌓을 수 있었다.

그 결과, 지금은 트레바리를 비롯한 다양한 플랫폼에서 적지 않은 수익을 얻으며 독서모임장으로도 활동하고 있다. TBN 교통방송에서는 '독서모임장'이라는 이름으로 책을 소개하는 방송을 맡고 있다.

모두가 돈이 된다고 믿는 일에서 최고가 되기는 어렵다. 하지만 모두가 별로라고 생각하는 일에서는 조금만 진지해도 상위에 오를 수 있다. 예를 들어, 누군가는 "요즘 누가 블로그를 해?"라고 말할지도 모른다. 하지만 하루 10분씩 꾸준히 글을 올리다 보면 의외로 빠르게 검색에 노출되고, 나만의 콘텐츠 자산이 쌓이기 시작한다. **사람들이 돈이 되지 않는다고 여기는 분야일수록 진입장벽은 낮고 기회는 오히려 크다.**

지금 한쪽 원판에 '안정적인 수입'이 실려 있다면, 다른 쪽 원판에는 당신이 시도해 보고 싶던 일을 올려 보자. 그 일이 지금은 돈이 되지 않더라도, 오히려 그렇기 때문에 더 빨리 전문가가 될 수 있다. 래퍼 더콰이엇은 자신의 음악을 통해 스스로 '랩'과 '돈' 사이의 거리를 실질적으로 좁혀 온 인물이라고 말한다. 물이 들어올 때까지 기다린 것이 아니라 물이 들어오게끔 판을 만든 셈이다.

나 또한 독서모임이라는 작은 관심사를 취미 이상으로 끌어올리기 위해 지속적으로 시도하고, 연결하고, 협력했다. 그렇게 만들어진 흐름이 지금은 수익이 되는 구조로 발전했다. 아직 시장이 형성되지 않은 분야일수록 미래의 수익을 선점할 수 있는 기회가 많다. 그 일이 돈이 되는 흐름을 만나게 되면 상상 이상의 성장 곡선을 경험하게 될 것이다.

[기록은 '나'를 정리하고, 공개는 '나'를 발견한다]

무엇으로 '나'를 알아보는 게 좋을까? 그 시작은 '기록'이다.

고민이 많거나 기분이 가라앉을 때, 생각과 감정을 글로 적어 보면 마음이 한결 가벼워지면서 머릿속이 정리되는 경험을 할 수 있다. 막연하게 두렵던 일도 글로 쓰면 '이 정도면 별일 아니잖아!' 하고 느끼게 되고, 정리되지 않았던 감정도 구체적인 언어로 꺼내 놓으면 선명하게 다가온다. 나아가 머릿속이 정돈되고, 마음이 청소된 듯한 개운함이 따라온다.

군대에서 영어 통번역을 하던 시절, 문득 그런 생각이 들었다. '세상에는 '통역형 인간'과 '번역형 인간'이 있구나.' 통역은 실시간으로 말을 다뤄야 하기에 임기응변과 빠른 반응이 핵심이다. 반면 번역은 결과물이 글로 남기 때문에 꼼꼼함과 정밀한 표현력이 요구된다. 결국 통역형 인간은 '즉흥과 반응'에 강한 사람이고, 번역형 인간은 '정리와 구조'에 강한 사람이다.

나는 스스로를 통역형 인간이라 여겼고, 그 순간 글은 나와 상관없는 세계처럼 느껴졌다. 되도록 피했고, 가능한 멀리했다. 그런데 **지식노동의 대부분이 결국 글이라는 걸 곧 알게 됐다. 이메일을 쓰고, 보고서를 정리하고, 업무를 설명하고, 의사결정을 공유하는 일은 결국 다 글이었다.** 그걸 깨닫고 나서야 글을 제대로 써 보기로 결심했다.

처음엔 짧은 글부터 썼다. 인스타그램에 짧은 글을 올리는 것부터 시작했고, 이후에는 브런치스토리에 300일 동안 매일 긴 글을 쓰는 300일 프로젝트로 이어 나갔다. 주제는 따로 정하지 않고 매일 떠오르는 걸 그냥 쓰기로 했다. 본업인 브랜딩과 마케팅에 대한 글도 있었지만, 물리학, 철학, 독서모임, 심지어 사주명리에 관한 글도 썼다. 매일 글을 써야 했기에 억지로라도 무언가를 끌어내야 했고, 그 과정을 겪으며 오히려 머릿속이 더 정리됐다. 운동 후 느껴지는 개운함처럼 생각과 감정이 매일 정돈되는 기분이었다.

진짜 변화는 '기록을 공개했을 때' 생겼다. 내가 브런치스토리에 올린 마케팅 글을 보고 출판사에서 출간 제안을 해 왔고, 강의와 컨설팅 요청도 이어졌다. 어떤 글에 사람들이 반응하는지도 자연스레 알 수 있었다. 기록을 통해 나를 이해하게 되었고, 그 글을 본 세상은 나에게서 무엇을 궁금해하는지 알게 해 줬다.

글을 공개하다 보면 예상치 못한 피드백이 돌아온다. 나는 다양한 주제로 글을 썼지만, 출판사나 전문가들의 연락을 이끈 글은 브랜딩과 마케팅에 관한 것이었다. 그 경험을 통해 시장이 내가 가진 실무 경험과 관점에 반응한다는 사실을 깨달았고, 자연스럽게 본업과 관련된 글에 집중하게 됐다.

반면 일반 독자들은 조금 다른 반응을 보였다. 단순히 실용적인 글보다 철학적인 관점을 담되 일상의 언어로 쉽게 풀어낸 글에 더 깊이 공감했고, 공유와 댓글도 유독 활발했다. "많은 인사이트 얻어 가요.", "뭔가 머리가 띵해!"라는 메시지들이 이어졌다. 이 피드백을 통해 나의 글쓰기가 단순한 정보 전달이 아닌 사람들의 사고방식을 자극하는 방식으로 작동하고 있다는 걸 알게 됐다. 다시 말해, 답을 주는 글이 아닌 답을 이끌어 내는 글에 강점이 있음을 깨달았다.

이 경험은 퍼스널 브랜딩 방향을 구체화하는 데 결정적인 역할을 했다. 책을 쓸 때도 단순한 팁이나 노하우를 나열하기보다 마케팅이라는 주제를 철학적인 시각에서 깊이 있게 풀어내려 했다. 본업에서 축적한 경험과 세상이 기대하는 시선이 만나는 지점, 즉 그 교차점이 바로 나만의 방향이라는 걸 기록과 공개를 통해 발견할 수 있었다.

그렇다면 어떤 기록을 해야 할까? '나'를 알아가는 기록이라면 무엇이든 괜찮다. 거창한 테마도 필요 없고, 완성된 메시지도 없어도 된다. 이때 억지로 다른 사람들이 원하는 무언가를 고민할 필요는 없다. **나를 알아가는 기록은 내가 좋아하는 것, 기록할 때 행복해지는 것 등 나로부터 출발해야 한다.** 내가 싫어하는 것으로 출발하면 성공을 하더라도 성공이 아닌 것이 되기 때문이다.

기록을 처음 시작하는 데 망설임이 있다면 '저널링Journaling'처럼 간단하지만 효과적인 방법으로 출발해 보는 것도 좋다. 종이에 질문을 적고 3분 타이머를 설정한 뒤 그 질문에 대한 생각을 손이 멈추지 않도록 계속 적어 보는 방식이다. 중요한 건 '잘 쓰는 것'이 아니라 '멈추지 않고 쓰는 것'이다. 아무 생각이 안 날 때는 '아무 생각이 안 난다'라는 문장을 써도 괜찮다. 손이 움직이면 생각이 따라온다. 일반적인 필기가 머리로 쓰는 일이라면, 저널링은 몸으로 쓰는 일이다.

이런 방식은 자신도 몰랐던 생각을 끌어내는 데 매우 효과적이고, 실제로 저널링을 닷새간 실천한 실업자가 그렇지 않은 이들보다 두 배 이상 높은 비율로 새 일자리를 구했다는 연구도 있다. 기록은 단지 '글쓰기'가 아니라 '자기 탐색'의 강력한 도구가 될 수 있다.[22]

좋아하지 않는 방식으로 이룬 성공은 지속적인 고통이 된다. 하하가 성시경에게 한 조언이 이를 잘 보여 준다. "네가 하고 싶은 걸로 유튜브 해야 해. 하기 싫은 걸로 성공하면 그걸 억지로 계속해야 하잖아." 이 말이 정확하다. 돈이 되는 일이더라도 하기 싫으면 오래 못 간다. 지속 가능하지 않다는 건 결국 크리에이터로 살아남기 어렵다는 뜻이다.

젠틀몬스터를 만든 김한국 아이아이컴바인드 대표도 한 강연에서 비슷한 말을 했다. 설레는 것을 해야 계속 할 수 있다고. 그리고 설레는 것을 통해 돈을 벌면 자신감이 생겨서 다시 설레는 것에 재투자할 수 있다고. 기록도 마찬가지다. 있는 그대로, 떠오르는 그대로 쓰면 된다. 어떤 기록에 세상이 반응할지는 세상이 알려 준다.

기록을 처음 공개하기 시작할 때 많은 사람들이 겪는 공통적인 깨달음이 있다. 공을 들여 고심 끝에 올린 콘텐츠에는 반응이 없고, '이걸 올려도 되나?' 싶어 망설였던 글에는 유독 많은 관심이 쏟아진다는 것이다. 그래서 초반에는 오히려 힘을 빼고 가볍게 올리는 것이 좋다. 중요한 건 반응이 아니라 흐름을 유지하고 만들어 가는 것이다. '잘 써야지!'보다 '일단 써 보자!'가 먼저여야 한다. 그래야 기록이 계속된다.

나의 경우 브랜드 컨설팅을 하다 보니, 새로운 플랫폼이 등장하면 '나'보다 '고객사'를 위해 먼저 테스트해 보는 편이다. 스레드가 처음 나왔을 때도 마찬가지였다. 개인 기록용이 아니라, 어떤 식으로 스레드의 알고리즘이 작동하고 콘텐츠가 확산되는지 확인하려는 목적이었다. 따로 시간을 내기보다는 버스나 지하철을 기다리는 짧은 시간에 떠오른 생각을 마구 적어 올렸다. 그런데 이 '테스트용' 기록들이 어느 순간부터 낯선 사람들의 관심을 끌기 시작했다. 아무도 팔로우하지 않고, 소통도 거의 하지 않았는데 1만 명에 가까운 팔로워가 생긴 것이다. 목적은 고객을 위한 실험이었지만 결과는 나를 향한 세상의 뜨거운 반응이었다.

내가 운영하는 퍼스널 브랜딩 모임에 참여한 분이 있었다. 모임 내내 아이패드에 뭔가를 열심히 쓰고 있었는데, 알고 보니 그 내용을 실시간으로 스레드에 공유하고 있었다. 책을 읽을 때도, 회사 미팅 중에도 공개 가능한 내용이라 판단되면 바로 메모장처럼 스레드에 올리는 듯 보였다. 정리하려고 따로 시간을 쓰는 게 아니라, 인상적인 순간에 즉시 기록하고 바로 공개하는 방식이었다. 이렇게 하면 기록과 공개를 숨 쉬듯 할 수 있게 된다. 물론 이런 방식이 모두에게 맞는 건 아닐 수 있다. 중요한 건, 나만의 리듬으로 '기록과 공개'를 자연스럽게 이어 가는 것이다.

또 한 명의 사례가 있다. 브랜딩 디자인 회사를 운영하던 한 대표가 코로나 시기에 일이 급감하며 생긴 여유 시간을 활용해 브랜드 사례를 아카이빙Archiving(사례를 정리하고 기록하는 것)하기 시작했다고 한다. 처음엔 전략도, 목표도 없었다. 그저 '뭐라도 해 보자!'라는 마음으로 관심 있던 브랜드들을 정리해 인스타그램에 올리기 시작한 것이다.

콘텐츠 반응은 처음엔 미미했다. 다양한 디자인 포맷도 시도하고, 실험도 거듭했지만 큰 주목을 받진 못했다. 그러던 어느 날 하나의 게시물이 예상 외로 큰 반응을 일으켰고, 이전 콘텐츠들까지 함께 조명을 받기 시작했다. 그렇게 지금은 '브랜드 만드는 남자', 줄여서 '브만남'이라는 이름으로 잘 알려진 인스타그램 계정이 되었다.

이 사례는 '기록과 공개'가 브랜드의 시작이 될 수 있다는 걸 보여 준다. 대단한 전략도, 완벽한 준비도 없이 시작했지만 꾸준히 쌓은 콘텐츠가 결국 사람들과 연결된 것이다. 무엇보다 자신을 믿고, 아무 반응 없는 시기를 지나며 버텼던 태도가 핵심이다.

이처럼 '나를 위한 기록'은 세상에 공개될 때 '세상이 보는 나'를 알려 준다. **기록하면 내가 알고 있는 '나'가 정리되고, 공개하면 내가 몰랐던 '나'를 발견하게 된다.** 정보 하나하나는 파편일지 몰라도 그것들이 축적되면 맥락이 생기고 하나의 서사가 된다.

독일 철학자 발터 벤야민Walter Benjamin에 따르면, 정보는 새로운 동안에만 가치를 갖지만, 서사는 그 순간성을 벗어나 존재한다.[23] 기록은 단순한 정보일 수 있다. 하지만 그것이 누적되면 '서사'가 된다.

지금은 정보보다 맥락의 시대다. 네이버나 구글처럼 키워드로 결과를 찾던 시대에서, 챗GPT 같은 인공지능 툴과 대화를 통해 맥락 속에서 답을 얻는 시대로 넘어가고 있다. 그럴수록 파편을 엮어 의미를 만드는 능력, 즉 자신만의 서사를 쌓아 가는 힘이 더 중요해진다.

그리고 그 서사의 제목은 세상에 단 하나뿐인 '나'다.

무인도에 표류한 사람처럼 꾸준하게

　기록이란 무인도에 표류한 사람이 매일같이 신호용 불을 피우는 일과 같다. 누군가에게 발견될 그날까지 끊임없이 반복해야 한다. 단 하루라도 불을 피우지 않으면 하필 그날 구조선이나 비행기가 섬 주위를 지나칠 수도 있기 때문이다.

　오프라인 가게를 운영하는 사람이라면 이 비유에 공감할 것이다. 손님이 없어도 정해진 영업 시간에 문을 열지 않으면 사람들은 '언제 닫을지 모르는 가게'로 인식하면서 점점 찾지 않게 된다. 기록도 마찬가지다. 꾸준히 보여 줘야 존재가 인식된다.

　꾸준히 기록해야 하는 이유는 단지 누군가에게 발견되기 위해서만은 아니다. 운 좋게 어느 한 편의 콘텐츠가 주목받는 순간이 오더라도, 기존에 쌓아 둔 콘텐츠가 부족하면 구독이나 팔로우로 이어지지 않는다. 우리는 관심이 가는 콘텐츠를 발견했을 때, 그 계정에 그와 유사한 좋은 콘텐츠가 얼마나 있는지 본능적으로 살핀다. 콘텐츠의 양과 일관성은 그 계정에 대한 신뢰와 지속적인 관심을 유도하는 기준이 된다.

꾸준한 기록은 세상이 나를 발견하게 하는 데도 필요하지만, 내가 나를 발견하는 데도 필수적이다. 기록하고 싶은 감정이나 생각이 있을 때는 누구라도 쓸 수 있다. 문제는 쓸 게 없을 때다. 그럴 때 억지로라도 써 보면 내 안에 숨어 있던 작디작은 조각과 마주하게 된다. 평소엔 의식하지 못했던 생각이나 감정, 아주 사소한 인상을 언어로 표현하면서 나도 몰랐던 나를 발견하게 되는 것이다. 그래서 꾸준함은 자기 발견의 방법이기도 하다.

꾸준함을 유지하려면 전략이 필요하다. 예컨대 반복적인 기록을 더 쉽게 만들어 주는 '템플릿'은 매우 유용하다. **콘텐츠의 틀을 정해 두면 매번 무엇을, 어떻게 쓸지에 대한 고민을 줄일 수 있을 뿐 아니라, 보는 이로 하여금 일관성과 전문성을 느끼게 해 준다.** 짧은 명언이 넘쳐나는 스레드에서, '세바시(세상을 바꾸는 시간, 15분)' 계정은 일력日曆(하루에 한 장씩 넘기는 달력) 형태의 템플릿을 활용해 명언을 시각적으로 차별화한다.

비슷한 방식으로, 지식 콘텐츠 플랫폼 '롱블랙'도 인스타그램에서 통일된 템플릿의 카드뉴스를 활용한다. 첫 장에서는 사람들의 시선을 끄는 후킹 문구로 시작하고, 이어지는 슬라이드에서 기사의 핵심 내용을 정리한 뒤, 마지막 장에는 "지금 프로필 링크에서 무료로 읽어 보세요." 같은 행동 유도 문구로 마무리한다. 형식을 반복함으로써 콘텐츠 제작의 수고를 줄이고, 브랜드의 정체성과 신뢰를 동시에 쌓아 올린 대표적인 사례다.

템플릿처럼 형식을 정해 두는 것도 좋은 전략이지만, 꾸준함을 유지하려면 '습관'과 '태도' 차원의 접근이 더 중요하다. 그렇다면 어떻게 해야 꾸준히 기록할 수 있을까? 내가 직접 해 보고 효과를 본 구체적인 방법 세 가지를 소개하고자 한다.

1. 목표를 할인하라

새해 다짐이 실패하는 가장 큰 이유는, 의욕이 가장 높을 때 설정된 목표이기 때문이다. 하지만 의욕은 그리 오래가지 않는다. 초기의 의욕을 기준으로 세운 목표는 평소의 나로서는 감당하기 어려운 경우가 대부분이다. 그래서 목표는 의도적으로 낮춰야 한다.

나 역시 처음엔 매일 A4 두 장 분량의 글을 쓰겠다고 다짐했지만 며칠 못 가 지치고 말았다. 대신 부담을 확 줄여 인스타그램에 짧은 시 한 편 정도 분량을 올리는 것부터 시작했다. 작고 쉬운 목표였지만, 덕분에 꾸준히 할 수 있었고 그게 지금의 꾸준한 글쓰기를 만든 동력이 되었다. 나의 경우 다짐할 때의 목표는 최소 30% 이상 할인하라고 권한다.

이 원칙은 다른 프로젝트에도 똑같이 적용된다. 세실, 나해와 함께하는 팟캐스트 '책잡힌 사이'를 기획할 때도, 우리가 가장 먼저 고민한 건 '가장 잘할 수 있는 방법'이 아니라 '가장 쉽게 할 수 있는 방법'이었다. 한 달에 한 번 만나 세 시간 동안 네 편을 녹음해 한 달치 분량을 미리 제작했고, 노션과 카톡으로 기획과 의사결정을 간단히 끝내는 구조를 짰다. 그 결과, 각자 바쁜 일정 속에서도 매주 꾸준히 콘텐츠를 올릴 수 있었고, 2개월 만에 애플 팟캐스트에서 예술 부문 '1위'를 기록할 수 있었다. 쉽고 가볍게 설계했기 때문에 가능했던 일이다.

2. 결과보다 과정을 목표로 삼아라

꾸준함이 익숙하지 않은 사람이라면 '결과'가 아니라 '과정'에 목표를 둬야 한다. 예를 들어, '구독자 1만 명'이나 '조회수 100만'은 내가 통제할 수 없는 결과값이지만, '매일 올리기'나 '주 3회 작성하기'는 내가 통제할 수 있는 입력값이다.

스토아 철학자 에픽테토스Epictetus는 "우리를 해치는 것은 사건 자체가 아니라 그 사건에 대한 우리의 생각"이라고 말했다.[24] 이처럼 어찌할 수 없는 결과에 집착하기보다, 내가 할 수 있는 입력에 집중하는 것이 정신 건강에도, 꾸준함 유지에도 도움이 된다.

여기에 더해, 요즘 시대에 특히 중요한 태도가 있다. 바로 '오토텔릭Autotelic'이다. 오토텔릭이란, '그 자체에 목적이 있는' 상태, 즉 보상이나 성과와는 무관하게 행위 그 자체에서 즐거움을 느끼는 태도를 말한다.

AI가 만들어 낸 결과물이 넘쳐나는 지금, 사람들은 '무엇을 만들었는가'보다 '어떻게 만들었는가'에 더 관심을 둔다. 오토텔릭한 사람은 과정 자체에 몰입하고, 그 몰입은 그대로 공감으로 이어진다. 기록도 마찬가지다. 기록이 버겁게 느껴진다면 결과보다 '기록하는 그 순간 자체를 즐기는 자세'를 가져 보자. 작게라도, 가볍게라도 계속할 수 있어야 한다. 결국 진정성도, 자기 발견도, 성과도 그 꾸준한 몰입에서 시작된다.

3. 환경이 행동을 이끈다

미국의 사업가 짐 론Jim Rohn은 "당신은 가장 많은 시간을 함께 보내는 다섯 사람의 평균"이라고 했다. 비슷한 말로 "우리가 가장 자주 만나는 사람들이 우리의 오프라인 알고리즘"이라는 표현도 있다. 의지만으로는 꾸준함을 유지하기 어렵다. 환경이 바뀌어야 행동이 자연스럽게 따라온다.

기록을 꾸준히 하고 싶다면 이미 기록을 습관처럼 하고 있는 사람들과 어울리면 좋다. 그런 사람들과 함께하면 자연스럽게 그들을 따라 하게 된다. 내가 운영하는 독서모임도 그랬다. 처음에는 독후감을 쓰는 것은 물론이고 책 읽기도 버거워하던 멤버들이 몇 달 뒤엔 책 읽고 글 쓰는 걸 당연하게 받아들였다. 그런 활동을 특이하게 보는 지인들에게 설명하느라 애를 먹을 정도였다. 그만큼 환경은 강력하다. 꾸준함을 '특별한 일'이 아닌 '당연한 일'로 만드는 데 환경만큼 확실한 도구는 없다.

물론 지칠 때도 올 것이다. 내가 가는 길이 맞는지 의심하게 되고, 나에 대한 확신이 불신으로 바뀌는 순간이 온다. 특히 비슷한 시기에 시작한 사람이 더 빠르게 성장하는 모습을 보면 조바심이 나는 것은 자연스러운 일이다. 그럴 때면 스스로 무능하게 느껴지기도 한다. 나도 그랬다. 그럴 때마다 한 사업가 분이 해 준 말을 떠올린다.

"큰 바위는 좀처럼 움직이지 않지만, 한 번 굴러가기 시작하면 작은 돌보다 훨씬 멀리, 더 강하게 나아갑니다."

세상에 발견될 때까지, 나에게 발견될 때까지 꾸준히 불을 지피자. 무인도에 표류한 사람처럼 사력을 다해.

SNS가 좋아하는 기록법

자유롭게 기록하라고 하면 즐겁게 몰입하는 사람이 있는 반면, 막상 뭘 써야 할지 몰라 막막해하는 사람도 있다. 어떤 사람은 가이드라인이 없을 때 더 자유롭고, 어떤 사람은 최소한의 틀이 있어야 집중한다. 그래서 어떤 기록이 좋은지, 다시 말해 SNS에서 더 많은 반응을 이끌어 내는 기록은 무엇인지 정리해 보려 한다.

학창 시절을 떠올려 보자. 선생님이 수업 중에 특정 부분을 강조하던 순간들이 있었다. 밑줄을 긋거나, 별표를 치거나, 수업을 끝내면서 다급한 목소리로 "시험에 여기 꼭 나온다"라고 짚어 주던 부분 말이다. 대학에 가면 이게 '족보'가 된다. 이전 시험에 나왔던 문제를 모은 자료는 출제자의 의도를 미리 파악할 수 있게 해 준다.

SNS에도 이런 '족보'가 있다. 어떤 내용을 올리면 더 많은 사람에게 도달할 수 있는지 알려 주는 일종의 '정답지'가 이미 공개되어 있다. 그것도 숨겨진 내부 자료가 아니라 누구나 볼 수 있도록 떡하니 올려 둔 공식 가이드라인이다. 페이스북, 인스타그램, 스레드를 운영하는 메타Meta가 우리에게 친절하게 알려 주는 참고서다.

기록을 꾸준히 하다 보면 나도 몰랐던 관심사나 강점이 드러나고, 그 결에 맞는 사람들이 자연스럽게 모이기 시작한다. 무엇을 올릴지 막막하다면 시험을 잘 본 사람을 따라가는 것도 좋지만, 출제자의 설명을 참고하는 게 더 빠르다. 메타는 우리가 어떤 방향으로 기록하면 좋을지 구체적으로 알려 주고 있다. 그 중에서도 세 가지가 핵심이다.

창작 과정을 보여 주세요
제품을 만드는 방법에 관한 동영상을 제작하면 사람들이 비즈니스를 이용하게 될 수 있습니다.

업계 지식을 공유하세요
업계 전문가의 팁을 제공하면 타겟에게 정보를 전달하는 동시에 비즈니스의 제품 및 서비스를 홍보할 수 있습니다.

비하인드 스토리를 공유하세요
일상적인 업무 날이나 제품 제작 방법을 촬영하면 비즈니스가 어떻게 운영되는지 내부자의 시선으로 보여 줄 수 있습니다.

Meta 최고의 릴스 튜토리얼을 시청하세요 ⓒMeta

1. 과정을 보여 주라 '프로세스 이코노미'의 실천

메타는 완성된 결과물보다 그것이 만들어지는 과정을 보여 주는 콘텐츠를 추천한다. 일본의 IT 비평가 오바라 가즈히로는 이것을 '프로세스 이코노미Process Economy'라 부른다. 결과가 아닌 과정을 파는 시대라는 뜻이다.[25] 이미 많은 브랜드가 이를 실천하고 있다. '완성품'을 짜잔 하고 공개하는 대신 만들어지는 과정을 틈틈이 보여 주며 고객과 함께 성장하는 방식이다.

2024년에 내가 브랜딩/마케팅 디렉터로 참여한 '사운드웨이브 소셜 페스티벌(사소페)'도 이 전략을 그대로 활용했다. 이 행사는 이선율 대표가 운영하는 셀프프로듀스가 주최했다. 애초에 콘셉트가 '공연 전부터 시작하는 최초의 뮤직 페스티벌'이었다. 소소한 미팅과 같은 준비 과정을 그대로 콘텐츠화했다. 그리고 카카오톡 단톡방에서 아티스트와 함께 공연 전부터 소통하며 '헤드라이너', '세트리스트' 등을 함께 기획할 수 있는 VIP 티켓을 판매했는데 30초 만에 매진되었다.

무언가를 직접 팔지 않더라도 누구나 이 전략을 콘텐츠에 적용할 수 있다. 내가 진행 중인 퍼스널 브랜딩 모임의 한 멤버는 '30살, 재산 0원에서 1,000만 원 모으기'에 도전 중인 '콩쥐'라는 닉네임으로 본인의 소비 습관을 기록하는 과정을 콘텐츠로 만들고 있다. 시작이 쉽진 않았기에 처음엔 매일 책을 읽고 인상 깊은 구절을 인스타그램 스토리에 가볍게 올리는 것부터 시작했다. 그렇게 쌓인 소비 기록을 다시 피드에 정리해 올리다 보니 자연스럽게 팔로워들의 공감과 응원을 이끌어 냈다.

2. 업계 지식을 공유하라 지식의 저주를 넘어서

하루 중 가장 많은 시간을 보내는 '본업'에 대한 기록은 가장 쓰기 쉬운 주제다. 그런데도 많은 이들이 주저한다. '나보다 잘하는 사람이 많은데 내가 써도 되나?', '이렇게 뻔한 얘기를 굳이 써야 하나?' 같은 생각 때문이다.

결론부터 말하면, 둘 다 괜찮다.

업계 1등만이 지식을 공유할 수 있는 건 아니다. 오히려 업계에 막 들어온 사람이 초보의 눈으로 쓴 기록이 더 많은 사람에게 도움이 될 수 있다. 왜냐하면 초보자는 아직 '비전문가의 궁금증'을 기억하고 있기 때문이다. 대중의 눈높이에 맞는 설명은 바로 그 경계에 있는 사람이 가장 잘한다. 왕초보에게 가장 유익한 정보는 초보자가 쓴 글인 경우가 많다.

또 하나, 당신에게 너무나 당연한 내용이 누군가에게는 큰 도움이 된다. 이것을 '지식의 저주 Curse of Knowledge'라 부른다. 어떤 분야를 깊이 알게 될수록 모르는 사람의 시선을 잊게 되는 현상이다. 나에겐 '뻔한 이야기'가 누군가에겐 '처음 듣는 놀라운 이야기'일 수 있다.

실제로 내가 신선하고 새롭다고 생각해서 쓴 글보다 '이건 너무 뻔해서 굳이 올릴까?' 싶은 글이 더 큰 반응을 끌어낸다. 그러니 업계 지식을 기록하는 것을 두려워하지 말자. **당신의 '본업에서 얻은 인사이트'를 당당하게 기록해 보자.**

3. 비하인드 스토리를 공유하라 날것의 진정성

화려한 순간은 누구나 좋아하지만 사람들의 마음을 오래 붙잡는 건 그 이면의 모습이다. **무대 위의 멋진 장면보다 무대 아래에서 고군분투하는 순간이 더 깊은 감동을 주곤 한다.** 오프라인 가게를 운영하는 사람이라면 아침에 문 열기 전 청소하는 모습이나 영업이 끝난 뒤 정리하는 모습을 보여주는 게 그 예다. 정리되지 않고, 가공되지 않은 일상이 누군가에겐 훨씬 더 진정성 있게 다가간다.

기록도 마찬가지다. 멋진 모습만 보여 줄 필요가 없다. 실패하거나, 좌절하거나, 지쳐 있는 모습도 함께 남기자. 사람들은 이미 성공한 사람보다는 성공을 향해 좌충우돌하며 성장하는 언더독Underdog*에게 더 마음이 간다.

독서모임을 열었는데 단 한 명도 신청하지 않았다는 실패담을 SNS에 올린 분을 보았다. 그 이야기를 영상으로 공유하면서 실패 이유를 스스로 분석해 정리까지 곁들였다. 반응은 놀라웠다. 응원의 댓글이 줄을 이었고, 다음 모임이 열리면 꼭 가고 싶다는 메시지가 쏟아졌다. 실패는 때로 가장 강력한 공감과 응원을 이끌어 내는 콘텐츠가 된다. 결국 사람들의 응원을 이끌어 내는 건 그 비하인드 스토리다.

SNS는 단지 보여 주는 공간이 아니라 연결되는 공간이다. 그리고 **연결은 언제나 '기록'에서 시작된다. 완벽하지 않아도, 거창하지 않아도 괜찮다. 중요한 건 꾸준히, 진정성 있게 나만의 이야기를 꺼내 보는 것이다. 이제는 당신의 차례다.** 무엇이든, 지금 바로 하나 써 보자. 그 한 줄이 당신의 브랜드를 만들기 시작할 것이다.

---

* 불리한 상황에 놓여 있지만 포기하지 않고 도전하는 사람

수파리
모방에서 나만의 언어로 가는 길

SNS 플랫폼이 제공하는 공식 가이드라인, 즉 '정답지'를 보고도 망설이는 사람이 있다. 혹은 그 정답지를 참고하되 거기에만 국한되지 않고 자신만의 길을 찾고 싶은 사람도 있을 것이다. 그럴 때는 선불교나 무도의 수련법에서 유래한 '수파리(守破離)'의 개념이 좋은 힌트가 될 수 있다.[26]

수파리는 말 그대로 지키고(守: 수), 깨고(破: 파), 떠나는(離: 리) 세 단계의 과정을 거친다. 초심자가 어떤 기술이나 태도를 익히고 자신만의 것으로 소화해 가는 과정을 간결하게 요약한 개념이다.

첫 번째는 '지키는' 단계, 수(守)다. 무엇을 지켜야 할까? 바로 원리와 원칙이다. 기록이라는 관점에서 보면 닮고 싶은 사람의 글을 필사하거나, 좋은 콘텐츠를 비슷하게 만들어 보는 식으로 연습하는 시기다. 여기서 중요한 건 단순 모방을 외부에 공개해 수익 활동으로 연결하지 않는 것이다. 이는 법적인 문제뿐 아니라 퍼스널 브랜딩 차원에서도 위험하다. 설령 팬이 생기더라도 그것이 누군가의 아류작이라는 사실이 알려지면 신뢰는 단번에 무너진다.

수의 단계에서는 따라 하되 그것을 통해 '패턴'을 익히는 데 집중하는 것이 좋다. 글의 구조나 영상의 흐름, 편집 방식, 감정의 강약 등 원리와 문법을 익히는 것이다. 마치 아이가 어른을 따라 말하고 행동하면서 언어와 사회성을 배워 가는 것과 비슷하다. 이 시기에는 '창의성'보다는 '흡수력'이 더 중요한 덕목이다.

두 번째는 파破, 즉 깨는 단계다. 이제껏 익힌 원칙과 틀을 응용하며 나만의 스타일을 실험하는 시기다. 흔히 말하는 '상자 밖 사고Think outside the box'를 실천하는 단계라고도 볼 수 있다. 어떻게 하면 기존 방식에서 한 걸음 더 나아갈 수 있을까, 차별화할 수 있을까 고민하며 여러 시도를 해 보게 된다.

사실 '파'의 단계만으로도 이미 충분한 혁신이 가능하다. 애플의 아이팟도 이 단계에서 탄생했다. 애플의 수석 디자이너였던 조너선 아이브Jonathan Ive는 브라운의 전설적인 디자이너 디터 람스Dieter Rams의 디자인 철학을 철저히 분석하고 따르되, 애플만의 언어로 재해석했다. 기존을 완전히 부수지는 않았지만, 새로운 관점으로 재해석해 '깨뜨리는' 방식이었다.

sedkialimam
애플 아이팟의 영감이 된 브라운 T3 라디오를 다룬 칼럼

이 시기에는 나만의 콘텐츠를 세상에 알리는 것도 괜찮다. '모방'에서 '응용'으로, 조금씩 자신만의 색이 스며들며 스타일이 만들어지는 시기이기에 가능하다.

마지막은 리離, 떠나는 단계다. 이제는 누구의 방식도 아닌, 진짜 '나만의 방식'을 만들어 가는 시기다. 처음에는 모방하고, 그 다음은 변형하고, 이제는 자신만의 서사와 문법으로 콘텐츠를 만들어 낸다. 이 단계에서의

'내 마음대로'는 초기의 '막무가내'와는 전혀 다르다. 원리와 원칙을 이해한 후에 도달한 자유이기 때문이다.

파블로 피카소Pablo Picasso의 예를 떠올려 보자. 그의 후기 작품만 보면 아이가 그린 것처럼 보일 수 있다. 하지만 초기 작품을 보면 놀랄 정도로 정교하고 전통적이다. 그는 전통을 누구보다 정확히 이해했기에 그것을 넘어선 것이다. 리의 단계란 그렇게 '지킬 줄 아는 사람만이 떠날 수 있는 경지'다.

'수파리'를 통해 나만의 퍼스널 브랜딩 여정을 설계해 보자. 초반에는 닮고 싶은 사람을 따르고, 점차 자기만의 시도를 더하고, 어느 순간에는 누가 뭐라 하든 나만의 목소리를 낼 수 있게 된다. 그렇게 '모방'이 '나만의 언어'로 진화하는 과정을 거치며 기록은 곧 퍼스널 브랜딩이 되고, 당신은 점점 유일한 브랜드가 되어 간다.

[1등이 되고 싶어요?]

퍼스널 브랜딩을 이야기할 때 우리는 흔히 '나다움'이나 '자기 발견' 같은 단어를 먼저 떠올린다. 이도 물론 중요하다. 하지만 '나를 찾는 항해'는 자기만의 감정과 취향만으로 완성되지 않는다. **내가 누구인지 아는 것만큼 중요한 건 내가 어떤 시장에 위치하는가다.**

새로운 사업을 구상하면서 성공한 사업가 몇 분을 만났다. 그 당시 생각 중이던 아이템 몇 가지를 이야기하자, 그들은 거의 같은 질문을 던졌다.

"그 분야 1등이 누구예요?"
"그 사람은 얼마나 벌고 있어요?"
"이익은 어느 정도 나고, 어떤 특징이 있죠?"

처음에는 단순히 경제적인 부분을 체크하는 질문인 줄 알았다. 하지만 곰곰이 생각해 보니, 이 질문은 '나'를 아는 또 하나의 방법이었다. 그 일이 나에게 맞는지 외부자의 시선으로 점검해 보는 질문이었던 것이다. 1등은 단순히 그 분야에서 가장 잘하는 사람이 아니라, 그 시장이 가장 원하는 사람이자, 그 시장의 크기를 보여 주는 대표적인 인물이기 때문이다. 다시 말해, 그 분야의 1등은 현재 시장의 상한선이자 기준점이다.

1등이 벌고 있는 수익이 현재 시장이 허용하는 최대치고, 그 사람이 가진 특장점이 고객들이 반응하는 포인트다. 그렇게 보면 이 질문은 결국 나 자신에게로 향한다.

"1등만큼 벌어도 만족하는가?"
"1등처럼 일해도 나는 괜찮은가?"
"1등의 특장점에 반응하는 시장에서 나의 강점이 빛날 수 있는가?"

생각보다 간단한 기준인데, 이걸로 많은 것이 정리된다. 그 시장에서 1등이 어떤 삶을 살고 있는지 보면, 내가 진짜 원하는 방향인지 아닌지를 어렴풋하게나마 감을 잡을 수 있다.

이것은 단순한 특성 파악이나 시장조사를 넘어서는 통찰이다. '**나다움**' **이라는 말 속에는, '언제 어디에 있을 때 내가 가장 나다운가'라는 조건이 암묵적으로 포함돼 있다. 나답게 살려면 내가 있을 '때'와 '위치'도 잘 골라야 한다.**

마케팅에는 3C라는 분석 도구가 있다. 나Company, 경쟁자Competitor, 고객Customer 이 셋을 함께 봐야 제대로 된 전략이 나온다. 퍼스널 브랜딩도 마찬가지다. 나만을 들여다보는 것으로는 부족하다. 경쟁자와 고객, 즉 같은 분야에서 활약 중인 사람들 그리고 그 사람들을 따라가는 대중까지 함께 봐야 내가 가고 싶은 방향이 보인다. 시장 안에서 나를 보고 그 시선이 괜찮다면 비로소 나만의 브랜딩을 자신 있게 시작할 수 있다.

여기서 하나 더 필요한 시선이 있다. 바로 내가 나를 보는 '내 시선'과 시장과 고객이 나를 바라보는 '바깥의 시선'을 함께 고려하는 감각이다. 그래야 나는 '평면'이 아니라 '입체'로 보인다. 이제 본격적으로 '입체적인 나'를 바라보는 방법을 알아보자.

'나'를 평면이 아닌 입체로 보는 법

우리는 건물의 정면만 봐도 그것이 평면이 아닌 입체라는 사실을 자연스럽게 인지한다. 왜 그럴까? 내가 정면을 바라볼 때 상상의 나는 옆면과 뒷면을 돌아다니며 건물을 바라보기 때문이다. 물리적으로 움직이지 않았더라도 우리의 인식은 그렇게 공간을 상상하고 보완한다. 평면은 그렇게 입체가 된다.

이 개념이 조금 낯설게 느껴질 수 있다. 철학자 에드문트 후설Edmund Husserl의 말을 빌리자면, 이건 '자아自我'와 '타아他我'의 협업이다. 실제로

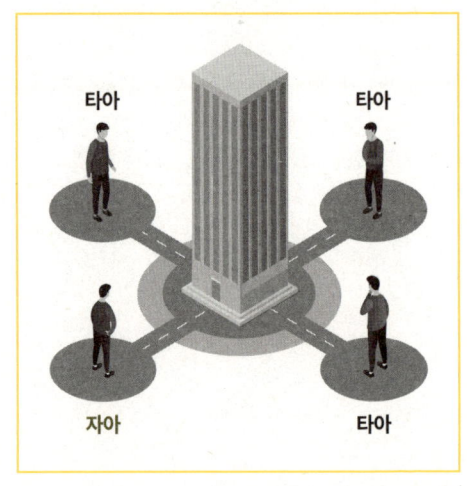

앞면을 보는 건 '자아'지만, 옆면과 뒷면을 상상해 주는 건 나의 또 다른 분신인 '타아'다. 마치 손오공이 자신의 머리카락을 뽑아 분신을 만들듯 우리도 많은 상황에서 스스로 만들어 낸 가상의 '또 다른 나', 즉 '타아'를 통해 세상을 인식한다.[27]

이 타아는 실제 외부의 타인이 아니라 내가 상상 속에서 만들어 낸 또 하나의 나다. 타인의 입장을 완벽하게 이해할 수는 없지만, 그 관점에 최대한 가까이 가 보려는 시도이자, 나의 의식 안에서 만들어진 '상상의 타자'다.

중요한 건 우리가 흔히 말하는 '객관성'도 사실 이 '자아+타아'의 조합이라는 점이다. 완전히 주관을 벗어난 절대적인 시선은 인간에게 허락되어 있지 않다. 미국 철학자 도나 해러웨이Donna Haraway는 이를 "어디에도 위치하지 않은 정복자의 시선"이라 불렀다. 객관성은 신의 속임수a god trick라는 것이다.[28] 우리가 말하는 객관성은 결국 수많은 주관이 겹쳐진 평균값일 뿐이다.

그렇다면 나를 어떻게 바라보아야 할까? 답은 자아와 타아의 조합에 있다. **내가 나를 바라보는 시선에 더해 다른 사람이 나를 바라볼 법한 시선을 상상해야 비로소 입체가 된다.**

기록의 영역에서는 이 감각이 더욱 중요하다. 우리는 기본적으로 자아의 시선으로 기록한다. 그 기록을 가장 먼저 읽는 사람도 나다. 자연스럽게 모든 문장이 자아의 시선으로 채워진다. 그래서 의식적으로 타아를 끼워 넣는 훈련이 필요하다. '내가 아닌 누군가가 이 글을 읽는다면 어떤 감정을 느낄까? 어떤 장면에서 고개를 끄덕일까?'를 상상하며 타아의 시선을 부여해야 한다.

세계적인 안무가 리아킴은 안무를 짤 때 노래 속 가장 매력적인 캐릭터가 되기 위해 노력한다고 말했다. 단순히 자신만의 춤을 만드는 것이 아니라, 가사 속 등장인물로 빙의해 그 인물의 감정을 움직임으로 표현하는 것이다.[29] 이때 그녀가 연기하는 캐릭터는 단지 자신의 감정을 확장한 자아가 아니다. 타인의 감정을 상상해 구현한 상상의 타자에 더 가깝다. 말하자면, 타아의 시선으로 만들어진 창작이다. 타인이 느꼈을 감정을 몸으로 재현하려는 시도인 셈이다. 자아만으로는 설득력 있는 창작이 나오기 어렵다. 타인의 시선이 개입될 때 비로소 작품이 설득력을 갖는다.

이와 관련해 흥미로운 연구가 있다. 미국 행동과학자 에반 폴만Evan Polman의 연구진은 참가자들에게 창의적 문제를 제시하고, 이를 자신을 위해 해결하는 경우와 타인을 위해 해결하는 경우로 나누어 실험했다. 외계 생명체를 설정해 스토리를 만드는 과제나, 통찰이 필요한 고전적인 문제 풀이, 아이디어 제안 과제 등이 주어졌는데, 타인을 위해 수행한다고 생각한 그룹이 훨씬 더 창의적인 결과를 냈다. 즉 타아의 시선으로 문제를 바라볼 때 우리의 사고는 더 유연하고 창의적으로 전환된다.[30] 내 연애 앞에선 모태솔로처럼 헤매다가도 친구의 연애 상담 땐 연애 박사처럼 말문이 터진다. 남의 문제라고 생각할 때 머릿속이 훨씬 더 유연해지고 창의력도 따라오기 때문이다.

타아의 시선을 의식하는 태도는 단지 창작이나 사고의 유연성에서 그치지 않는다. 우리는 타인의 입장을 상상하고 고려할 줄 아는 능력을 통해 어떻게 행동할 것인가에 대한 윤리적 판단도 내리게 된다. 오랫동안 윤리 기준이 되어 온 황금률Golden Rule은 "남이 나에게 해 주었으면 하는 대로 남에게 하라!"라는 원칙이다. 겉보기엔 공정해 보이지만, 자아 중심적이다. 내가 바라는 것을 타인도 바랄 것이라는 전제 위에 있다.

반면 백금률Platinum Rule은 "상대가 원하는 대로 해 주라!"라는 원칙이다.

타아의 시선으로 타인을 고려하자는 더 진보된 기준처럼 보인다. 하지만 여기에는 근본적인 한계가 있다. 우리는 타인이 될 수 없다. 타자의 마음을 완전히 이해할 수도 없고, 그 사람이 될 수도 없다. 그래서 나는 '타자'가 아닌, '타아'라는 표현을 고집한다.

'타자'는 실제 외부의 누군가를 뜻한다. 하지만 '타아'는 내 안에 있는 가상의 타자다. 현실의 타인을 완전히 이해하는 건 불가능하지만, 그에 가까이 다가가려는 시도는 가능하다. 그 시도가 바로 '타아'를 상정하는 것이다. 타아는 내가 상상하고 구성한, 타인의 관점을 모사한 나의 또 다른 시선이다. 현실은 아니지만 노력의 결과물이며 그 자체로 의미가 있다.

윤리적 판단이든, 창작이든, 자기 이해든 마찬가지다. 자아만으로는 편향되고, 타아만으로는 불완전하다. 자아와 타아를 동시에 의식할 때 우리는 더 입체적인 판단을 할 수 있다. 그렇게 해야 나조차 몰랐던 내 모습이 드러난다.

이제 나를 찾는 항해가 끝났다. 다음은 나의 팬을 조준할 차례다. 바로 Aim의 단계다.

정답보다 더 오래 가는 건 스스로 찾은 '답'입니다. 여러분만의 속도로 이 질문들에 천천히 답해 보세요.

ⓠ '나'를 완벽하게 안다고 믿고 있진 않은가?

우리는 매일 자신을 보고 살아가지만, 정작 '나'를 있는 그대로 인식하지 못하는 경우가 많다. 외부 기준(에이도스)을 따르며 살아온 습관이 나의 본래 모습(코나투스)을 흐리고 있을 수 있기 때문이다.

ⓠ 구릴 수 있는 용기가 준비되었는가?

시작이 망설여진다면 완성도를 의심하지 말고 '구릴 수 있는 용기'를 먼저 준비해 보자. 처음부터 멋질 필요는 없다. 서툴러도 시작이 중요하다.

ⓠ 내가 두려워하는 '최악의 시나리오'는 무엇인가?

프리메디타치오 말로룸처럼 내가 겁내는 가장 나쁜 상황을 구체적으로 상상해 보고 가능하면 실제로 체험해 보자. 생각보다 견딜 만할 수 있다.

ⓠ 예금과 복권을 동시에 갖고 있는가?

안정적인 수입과 실험적인 시도를 병행하고 있는가? 본업에서는 안정감을, 좋아하는 일에서는 성장의 가능성을 함께 껴안고 있는지를 점검해 보자.

ⓠ 기록은 매일 하고 있는가?

끊임없이 불을 지피는 무인도 생존자처럼 오늘도 기록했는가? 쓸 것이 없더라도 작은 생각 하나라도 남겨 보자. 그게 나를 찾아가는 출발점이다.

ⓠ 어떤 기록이 SNS에서 반응하는지 실험하고 있는가?

창작 과정(과정 공개), 업계 지식(당연해 보이는 이야기도 공유), 비하인드 스토리(날것의 진정성)라는 메타의 정답지를 참고해 나만의 방식으로 풀어 보고 있는가?

ⓞ 수파리守破離 중 나는 지금 어디에 있는가?

지금 나는 따라하며 원리를 익히는 중인가(수)? 익힌 것을 응용하고 있는가(파)? 나만의 문법과 감각을 완성해 가고 있는가(리)? 현재 위치를 인식하고 다음 단계로의 이동을 준비해 보자.

ⓞ 나는 어떤 시장에 있는가?

그 시장에서 1등은 누구인지, 그가 벌고 있는 수익과 일하는 방식, 시장이 반응하는 특장점은 무엇인지 살펴보자. "1등만큼 벌어도 만족하는가?", "1등처럼 일해도 괜찮은가?", "그 시장에서 나의 강점은 빛날 수 있는가?" 이 질문은 내가 진짜 원하는 방향인지 판단할 수 있게 해 주는 실용적인 나침반이다.

ⓞ '자아'와 '타아'의 균형을 맞춰 기록을 쓰고 있는가?

내가 보고 느낀 대로 쓰는 것도 중요하지만, 누군가가 읽는다는 전제 아래 타인의 시선도 상상해 보자. 자아와 타아의 합이 입체적인 '나'를 만든다.

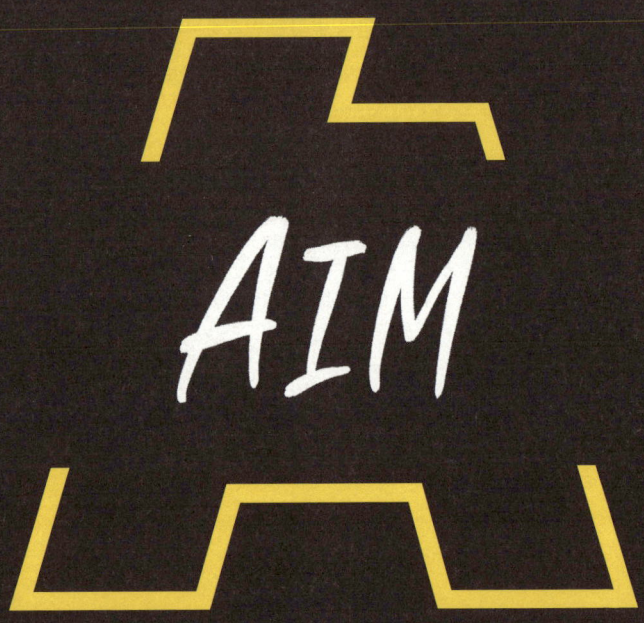

CHAPTER 3
나의 팬에 '정조준'

* 원문은 "People think focus means saying yes to the thing you've got to focus on. But that's not what it means at all. It means saying no to the hundred other good ideas that there are. You have to pick carefully."

나를 위한 브랜딩,
너를 향한 메시지

"당신은 누구를 위해 퍼스널 브랜딩을 하려 하는가?"

멋진 말 말고, 지금 당장 떠오르는 생각을 말해 보자. 대부분은 '나'를 위한 일이라 말할 것이다. 퇴사 이후의 안정적인 삶을 위해서든, 회사를 다니며 또 다른 파이프라인을 만들기 위해서든 결국 퍼스널 브랜딩은 철저히 '나'를 위한 활동이다.

아이러니하게도, 이 '나'를 위한 활동이 진짜 의미를 가지려면 반드시 '너'를 위한 활동이 되어야만 한다. 경제적으로 안정적인 삶을 살고 싶다면 다른 사람들이 기꺼이 지갑을 열 수 있는 가치를 제공해야만 한다. 인정받는 삶을 살고 싶다면 사람들이 고마움을 표현하고 싶어질 만큼의 가치를 나눠야 한다. **결국 퍼스널 브랜딩은 철저히 '나'를 위한 것이기에 철저히 '너'를 향해야 한다.**

뻔한 얘기처럼 들릴 수도 있다. 그런데 이상하게도 막상 퍼스널 브랜딩을 시작하면 많은 사람이 이 핵심을 놓친다. '내가 무엇을 잘하고, 얼마나 노력해 왔는지' 열심히 말하지만, 정작 그걸 통해 사람들이 어떤 도움을 받을 수 있는지는 잘 말하지 않는다. 다시 말해, **'나의 장점Merit'에 집중하느라 정작 '너의 혜택Benefit'은 빠지는 경우가 많다.**

이건 기업도 마찬가지다. 브랜딩을 가장 잘하는 기업으로 손꼽히는 애플을 떠올려 보자. 스마트폰 이전, 음악을 들으려면 MP3 플레이어가 필요했다. 당시 대부분의 제조사들은 용량을 핵심 경쟁력으로 내세웠다.

"우리 제품은 무려 1GB입니다."

"세계 최초로 5GB를 탑재했습니다."

모두가 '자기 제품의 장점'을 얘기하던 시절, 애플만 달랐다. 스티브 잡스는 이렇게 말했다.

"청바지 주머니에 쏙 들어가고, 1,000곡의 노래를 담을 수 있습니다."

10GB가 아니라, 1,000곡. 기술 스펙이 아니라 사용자 혜택에 집중한 것이다. 어느 쪽 메시지가 더 강력했는지는 굳이 설명하지 않아도 알 것이다.[31]

퍼스널 브랜딩도 마찬가지다. '내가 어떤 사람인지'만 이야기하는 사람과 '나를 통해 당신이 어떤 가치를 얻을 수 있는지'까지 말하는 사람 중에 과연 누구에게 더 관심이 쏠릴까?

다만 여기서 하나 짚고 넘어가야 할 점이 있다. 나의 장점은 그대로 단점이 될 수도 있다는 사실이다. 내가 진행하는 퍼스널 브랜딩 모임에 오는 분들은 공통점이 있다. '나'에 대해 치열하게 고민한다는 사실이다. 일반적인 자기소개가 아니라 나를 다양한 각도에서 성찰하고 이해하려고 애쓴다. 그 과정에서 많은 분들이 '갤럽 강점조사CliftonStrengths'를 활용한다. 177개의 문항을 통해 개인의 자연스러운 사고, 감정, 행동 패턴을 분석해 총 34가지 강점 중 상위 5가지를 도출한다.[32]

흥미로운 점은, 이 상위 강점들이 그대로 단점이 될 수 있다는 것이다. 예를 들어, '심사숙고'가 강점으로 나온 사람은 실수를 적게 하는 장점이 있지만, 너무 오래 고민하다 기회를 놓칠 수 있는 단점이 있다. '활동성'이 강점인 사람은 에너지가 넘치지만, 그 에너지가 타인에게는 부담이 될 수도 있다.

갤럽 역시 강점이 항상 장점이 되지는 않는다는 점을 분명히 밝힌다. 강점은 맥락에 따라 달리 작용하며, 과용하거나 오용되면 오히려 협업에 방해가 될 수도 있다는 것이다. 그래서 중요한 건 단지 **나의 강점을 아는 것이 아니라 그 강점을 '장점'으로 여겨 주는 사람, 나의 강점이 곧 혜택이 되는 사람을 찾아야 한다는 점이다.**

아이의 웃음소리는 부모에게는 세상에서 가장 달콤한 소리지만, 고 3 수험생에게는 가장 짜증나는 소음일 수도 있다. 이처럼 세상 모든 것은 누구에게 향하느냐에 따라 의미가 달라진다. '나'를 알아가는 만큼 '너'를 고민해야 하는 이유가 여기에 있다.

내가 진짜로 빛나려면 그 빛을 필요로 하는 '너'가 있어야 한다. 이제 시선을 '나'에게서 '너'에게로 옮겨 보자. 그것이 결과적으로 '우리'를 위한 길이다.

[진정성이라는 말에 속지 마라]

　마케팅 업계에서 치트키처럼 쓰이는 말이 있다. 바로 '진정성'이다. "진정성 있는 브랜드가 성공한다"라는 말은 틀리진 않았다. 다만 전문가가 구체적인 방법이나 전략 없이 '진정성'만 외친다면 정치인이 '세계 평화'만 외치는 것과 다르지 않다.

　"평화를 지켜야 합니다"라는 말에는 누구도 반박하지 않는다. 그런데 구체적으로 "국방비를 늘려야 합니다" 또는 "무력 충돌을 피하고 외교력을 강화해야 합니다"라고 말하는 순간 논쟁이 시작된다. 그렇다고 정치인이 평화만 말하고 전략을 말하지 않는다면 정치는 공허해진다. 논쟁을 감수하더라도 구체적인 말이 있어야 실행이 가능하다.

　마케팅도 마찬가지다. 고객이 진정성을 믿는 건 말이 아니라, 구체적인 행동과 결과 때문이다. 그래서 '진정성'을 말하려면, 그것을 어떻게 실천하고 보여 줄 것인지까지 설명해야 한다. 내가 만나 본 수많은 중소기업, 1인 기업 대표, 프리랜서 가운데 진정성이 없는 사람은 거의 없었다.

대부분은 자신의 일을 진심으로 대하고 있었다. 문제는 진정성이 없어서 실패하는 게 아니라, 소비자가 진정성을 느끼지 못해서 실패한다는 점이다.

60계치킨의 사례가 이를 잘 보여 준다. 이 브랜드는 '매일 새 기름 1통으로 60마리만 조리한다'는 슬로건으로 고객들의 인정을 받았다. 놀라운 사실은, 대부분의 치킨 브랜드도 그렇게 조리한다는 점이다(혹은 기름을 더 자주 교체하는 곳도 있다). 그런데도 소비자는 60계치킨의 진정성만 기억한다. 왜일까? 60계치킨만이 그 사실을 구체적인 슬로건과 메시지로 소비자가 '느끼게' 했기 때문이다. 결국 진짜 질문은 이것이다.

"어떻게 해야 진정성을 소비자가 느낄 수 있게 만들 것인가?"

이 질문에 대한 내 대답은 이렇다.

진정성 = 지속성 × 노출도 × f(차별성)

- 지속성: 꾸준함이 없다면 진정성도 없다.
- 노출도: 아무리 오래 해도 보여 주지 않으면 아무도 모른다.
- 차별성(f): 차별성은 진정성이 느껴지는 시간을 단축시킨다. 즉 가속장치다.

물론 수학적 계산이 가능한 공식은 아니지만 진정성이 형성되는 과정을 구조적으로 이해하려는 시도다. 중요한 건 이 세 가지 요소가 곱셈 형태로 연결되어 있다는 점이다. 그 이유는 간단하다. 아무리 꾸준히 하고, 차별성이 있어도 노출이 없다면 아무도 모른다. 마찬가지로, 아무리 자주 보여 줘도 지속성이 없다면 단발성 이벤트일 뿐이다. 세 요소 중 하나라도 0에 가까우면 진정성이라는 결과값도 자연히 0에 수렴한다. 따라서 이 공식을 통해 우리는 어떤 요소가 부족한지를 스스로 진단하고 보완 방

경남 김해에 위치한 '홍철책빵 CIRCUS'

향을 설계할 수 있다.

지속성은 'Chapter 2(Navigate - 나를 찾는 '항해')'에서 다뤘듯이 꾸준함 그 자체가 신뢰를 만든다. 사람들은 콘셉트라고 생각했던 것도 지속되면 '진짜'라고 받아들인다. 예능인 노홍철이 대표적이다. 데뷔 초엔 과한 콘셉트라는 반응이 많았지만, 20년 가까이 일관된 모습 덕분에 이제는 '원래 그런 사람'으로 받아들여진다. 그의 말투, 옷차림, 공간까지 모두 과해 보이지만, 일관된 반복이 오히려 '노홍철다움'으로 자리 잡았다. 지속성이 만들어 낸 진정성이다.

두 번째는 노출도. 흔히 "왼손이 한 일을 오른손이 모르게 하라"라고 말한다. 기독교적 미덕이다. 하지만 퍼스널 브랜딩에서는 해당되지 않는다. 오른손이 한 일은 왼손은 물론 이웃 모두가 알아야 한다. 그래야 진정성이 전달된다. 없는 걸 있는 것처럼 포장하라는 게 아니라 **있는 걸 드러내**

라는 뜻이다. 아무리 오래 한 일이라도 세상이 몰랐다면 그것은 나만 아는 지속성일 뿐이다. **기록하고 공유하라. 그래야 인식된다.**

세 번째는 차별성이다. 지속성과 노출만으로도 진정성은 만들어질 수 있다. 하지만 시간이 오래 걸린다. 진정성은 결국 '신뢰의 누적'이기 때문이다. 그런데 **차별성은 그 시간을 줄여 주는 촉진제 역할을 한다.** 차별성은 '나음'이 아니라 '다름'에서 나온다. 그리고 여러 개가 아니라 **하나를 꾸준히 반복하는 것이 효과적이다.** 춤을 추는 사람이라면 다양한 동작을 선보이고 싶겠지만, 하나를 반복하는 것이 여러 개를 보여 주는 것보다 더 뚜렷한 차별성으로 각인된다.

예를 들어, 백석예술대학교의 문병순 교수는 이름보다 별명이 더 익숙하다. "정장 입고 비보이 춤추는 교수"라고 하면 떠올리는 사람이 많다. 그는 다양한 춤을 출 수 있지만, 영상마다 늘 정장 차림에 한 손으로 땅을 짚고 회전하는 비보잉 동작으로 마무리한다. **이 반복된 한 장면이 그의 시그니처가 되었고, 자연스럽게 차별성도 강화되었다.**

진정성은 갖춰야 할 자질이 아니라 느끼게 만들어야 할 경험이다. 브랜드든 사람이든 마찬가지다. 계속하고, 보여 주고, 남과 다르면 사람들은 결국 "진심이구나!"라고 말하게 된다. 그게 진짜 진정성이다. 이 점을 명심하고 나의 팬에 '정조준'해 보자.

타깃
단 한명이 남을 때까지 뾰족하게

 필라테스 숍을 운영하는 대표와 이야기를 나눴다. 날이 갈수록 경쟁이 치열해져 신규 고객 유치가 어렵다는 게 고민이었다. 기존 고객의 재등록률은 나쁘지 않았기에 신규 고객만 안정적으로 확보되면 비즈니스가 더 단단히 성장할 수 있을 듯했다.

 고객에게 어떤 메시지로 홍보하고 있는지 물었다. 돌아온 답은 '건강한 몸', '이쁜 몸'을 만들 수 있다는 메시지였다. 듣자마자 아니다 싶었다. 거의 모든 필라테스 숍이 사용하는 말이기 때문이다. 차별화는커녕 누구에게도 '나를 위한 필라테스'라는 인상을 줄 수 없는 문장이었다. 모두를 위한 메시지는 누구에게도 정확히 닿지 않는다. **고객이 "이건 딱 내 얘기야!"라고 느끼게 만들려면 메시지는 더 뾰족해야 한다.**

 이렇게 물었다. "대표님만의 장점은 뭔가요?" 잠시 고민하더니, 목과 어깨 라인을 특히 잘 관리해 준다는 이야기를 들은 적이 있다고 했다. 여기까지만 좁혀도 처음보다는 낫다. 하지만 한발 더 들어가고 싶었다.

고객이 듣자마자 머릿속에 이미지 하나가 떠오를 만큼 뾰족하게.

나는 이렇게 제안했다. "예비 신부 패키지로 타깃팅해 보면 어때요?" 인생의 가장 중요한 이벤트를 앞두고 누구보다 아름다워지고 싶은 예비 신부를 위한 필라테스 상품이다. 특히 웨딩드레스는 목과 어깨 라인이 눈에 띄기에 그 부위를 집중 관리해 주는 필라테스는 예비 신부에게 꼭 필요한 서비스가 될 수 있었다.

또 다른 예가 있다. 액세서리 브랜드를 시작한 대표가 타깃 때문에 고민이라고 했다. 본인이 보기엔 예쁜 액세서리를 만들었는데, 정확히 누구를 위한 건지 구체적인 고객상을 그리지 못해 혼란스러워했다. 머릿속에 어렴풋이 고객의 이미지가 있지만, 메시지와 채널을 정하는 데 애를 먹고 있었다.

어느 날 카페에서 지인과 대화를 나누던 대표는 건너편에서 이상적인 고객을 발견했다. 그 분의 표현에 따르면 '고져스한gorgeous(아주 멋진)' 여성이 혼자서 커피를 마시며 책을 읽고 있었다고 한다. 외모도, 패션도, 취향도 모든 게 머릿속에 그리던 고객의 모습과 정확히 일치했다. 타깃 고객이 단 한 명으로 좁혀지자 알렉산더 대왕이 복잡하게 얽힌 고르디우스의 매듭Gordian Knot을 단칼에 끊어 내듯 모든 고민이 순식간에 해결이 되었다.

이처럼 타깃이 고민될 때는 단 한 명까지 좁히면 좋다. 그 한 명은 최대한 생생하게 그릴 수 있는 사람이면 더욱 좋다. 친구나 지인, 유명인, 아니면 바로 나 자신도 좋다.

단 한 명으로 타깃을 좁히면 좋은 또 하나의 이유는, 모든 콘텐츠와 메시지의 방향을 빠르게 정할 수 있다는 점이다. 어떤 말을 써야 할지, 어떤 이미지를 선택할지, 어떤 경험을 강조할지 헷갈릴 때가 많다. 하지만 기준이 '그 사람이라면 어떻게 반응할까?'로 바뀌면 모든 선택이 훨씬 쉬워진다. 방향이 뚜렷하면 흔들릴 일도 줄어든다.

타깃이 분명해지면 가격과 가치의 기준도 달라진다. 나도 예전엔 이런 생각을 했다. '왜 이렇게 비싸지?' 요샌 이렇게 생각한다. '내가 메인 타깃이 아니구나.' 제품이나 서비스가 비싸다고 느껴지는 건 단지 나에게 맞지 않기 때문일 수도 있다. 가격에 대한 판단은 결국 타깃이 누구냐에 따라 완전히 달라진다. 이처럼 가격 저항을 줄이고 고객에게 가치를 설득하기 위해서라도 타깃을 뾰족하게 설정하는 건 필수다.

구체적인 타깃을 제안하면 "그럼 다른 고객은 놓치는 거 아닌가요?"라고 묻는 경우가 많다. 하지만 그렇지 않다. 타깃이 구체적일수록 그에 속하지 않은 사람에게도 유사한 니즈를 통해 더 강하게 어필할 수 있다.

앞서 말한 '필라테스 예비 신부 패키지'는 결혼을 앞둔 사람이 아니더라도 하객으로 초대되어 드레스를 입을 일이 있는 여성이나 평소에 목과 어깨 라인이 고민인 사람들에게도 명확한 메시지가 된다. '혼자 카페에 와서 반지를 끼고 책을 읽던 여성'이라는 타깃도 바로 그런 모습에 동경을 가진 사람이나 비슷한 라이프스타일을 추구하는 이들에게 강력히 어필할 수 있다. 《마흔에 읽는 쇼펜하우어》가 2024년 20대가 가장 많이 읽은 책 10위에 오른 것도 같은 맥락이다. 책의 타이틀은 40대를 지목했지만 실제로는 '삶에 지친 사람들'이라는 좀 더 넓은 공감대를 건드렸기 때문이다.

전 세계적인 인기를 얻고 있는 소설가 무라카미 하루키도 이 점을 잘 이해하고 있다. 그는 "모든 사람의 얼굴에 웃음을 짓게 할 수는 없다"라는 걸 일찌감치 깨달았다. 실제로 가게를 운영하던 시절, 그는 열 명 중 한 명이 단골이 될 수 있도록 그에게 철저히 집중했다. 글을 쓸 때도 마찬가지였다. 작품을 발표할 때마다 독자 수는 꾸준히 늘어났지만, 하루키가 끝까지 신경 쓴 건 '열 명 중 한 명'에게 깊이 닿는 글이었다. 그렇게 단 한 사람에게

집중한 덕분에 오히려 수많은 독자에게 사랑받는 작가가 될 수 있었다.[33]

확장성은 걱정하지 않아도 된다. 생활맥주는 하이볼과 소맥도 판다. 그렇다고 이름을 '생활주류'로 바꾸지 않았다. '맥주'라는 뾰족한 정체성을 유지한 채 확장했을 뿐이다. 교보문고도 마찬가지다. '문고'는 원래 책이나 문서를 보관하는 곳이라는 뜻이지만, 지금의 교보문고는 문구, 음반, 전자제품, 심지어 향수까지 판매한다. 그럼에도 여전히 교보'문고'다. **브랜드는 뾰족하게 시작하더라도, 성장하면서 얼마든지 확장할 수 있다. 타깃을 좁히는 건 위험한 일이 아니다. 오히려 브랜드가 단단하게 성장하는 필수 조건이다.**

《작은 기업을 위한 브랜딩 법칙 ZERO》에서 나는 이렇게 말했다.

"타깃을 넓히면 죽고, 타깃을 좁히면 산다."[34]

LP*는 처음엔 오디오 전문가와 소수 애호가만의 전유물이었다. 하지만 지금은 누구나 찾는 대중 아이템이 되었다. 이메일도 마찬가지다. 처음에는 소수의 컴퓨터 과학자들을 위한 도구였지만 지금은 전 인류가 쓰는 소통 수단이 되었다.[35] 좁게 시작해야 넓게 확장할 수 있다. 반대로 처음부터 넓게 시작하면 그 누구도 붙잡지 못한다.

대기업도 마찬가지다. 예를 들어, 이마트와 홈플러스는 안내견을 제외한 반려견 출입을 금지하지만, 롯데마트는 5kg 이하 소형견에 한해 출입을 허용한다.

타깃을 좁힌다는 건 누군가를 의도적으로 포기한다는 의미이기도 하다. 극단적인 사례가 미국의 블랙 라이플 커피Black Rifle Coffee다. 이들의 타깃은 총기를 소지한 보수 성향 미국인이다. 맛이나 품종에 대해서는 언급하지 않고, 총을 쏘면서 커피를 마시는 콘텐츠를 주로 만든다.[36] 이러한 명확

---

* Long Playing Record의 준말로 Vinyl Record라고도 부른다.

한 타깃 설정 덕에 반감을 사기도 하지만, 그 반대급부로 강력한 팬층이 생겼다. 그 결과 블랙 라이플 커피는 2022년 상장 당시 약 2.3조 원(미화 약 17억 달러)의 기업 가치를 평가받았다.

특정 타깃을 위한 것이 아님을 노골적으로 밝힌 사례도 있다. 영국의 초콜릿 브랜드 요키Yorkie는 남성 육체 노동자를 주 타깃으로 삼았다. 초기 광고 대부분은 트럭 운전사가 등장했고, 심지어 포장지에는 "여성을 위한 것이 아님!"이라는 문구가 있었다. 하지만 실제 소비자의 44%가 여성이었다.³⁷ 타깃은 뚜렷했지만, 강렬한 메시지 덕에 그 외 사람들에게도 전달된 것이다.

퍼스널 브랜딩 역시 다르지 않다. 처음부터 모두를 향해 나를 알리고 신뢰를 얻으려 하면 안 된다. 내가 쓰는 글, 내가 하는 기록, 내가 보여 주는 활동이 누구를 향하는지 계속 고민해야 한다. 모두를 향한다는 건 결국 누구에게도 사랑받지 않겠다는 다짐과 같다. 뾰족하게 튀어나온 나만의 특징을 깎다 보면 결국 무색무취의 존재로 남게 된다.

와이콤비네이터 공동 창업자 폴 그레이엄Paul Graham은 이렇게 말했다. "당신을 그럭저럭 좋아하는 고객 백만 명보다 당신을 정말 사랑하는 고객 백 명이 낫다."*

퍼스널 브랜딩은 이보다 더 뾰족하게 시작할 필요가 있다. 당신을 사랑하는 고객 백 명보다 당신밖에 모르는 단 한 명이 더 낫다. 그 단 한 명의 팬이 있다면 거기서부터 '나'는 세상에 퍼져 나간다. 그것이 브랜드의 시작이자 퍼스널 브랜드의 첫걸음이다.

---

* 'It's better to have 100 customers that love you than a million customers that just sort of like you.

키워드
'삼성 프레임'으로 기억에 남게

　글씨가 빼곡하게 들어간 명함을 받은 적이 있다. 과거의 경력부터 현재 하는 일까지 빠짐없이 적혀 있었다. 이를테면 '교수 겸 개발자 겸 사업가'처럼 여러 역할이 나열식으로 이어졌다. 흡사 3.14로 시작해 끝없이 이어지는 원주율처럼 복잡하고 길게 나열돼 있었다. 이런 명함을 받은 사람은 그를 어떻게 기억할까? 아마 "이름은 기억 안 나는데 명함이 엄청 복잡했어" 정도로 남을 것이다. 기억조차 되지 않을 수도 있다. 전부를 담으려 할수록 아무것도 기억에 남지 않는 법이다.

　이 문제는 개인뿐 아니라 글로벌 기업에게도 해당된다. 커피빈이 대표적인 사례다. 커피빈의 정식 이름은 '커피빈 앤 티리프 Coffee Bean & Tea Leaf'다. 로고를 보면 커피콩과 찻잎이 함께 그려져 있지만, 사람들은 대부분 '커피빈'이라고만 부른다. '티 tea'는 기억되지 않는다. 이름과 로고에 '티 tea'가 명확히 들어 있지만, 대중은 '커피' 하나만 기억한다. 기억은 결국 하나의 인상으로 압축되기 때문이다.

기억은 하나의 이름, 하나의 이미지, 하나의 감정과 같은 식으로 '압축'된다. 퍼스널 브랜딩에서도 중요한 건 내가 말하고 싶은 모든 것이 아니라 상대가 기억하는 단 하나의 메시지다. 그 하나를 만들기 위해 우리는 더하지 말고 덜어 내야 한다. 《어린 왕자》의 작가 생텍쥐페리Saint-Exupéry는 이렇게 말했다. **"완벽함이란 더 이상 더할 게 없는 상태가 아니라, 더 이상 뺄 게 없는 상태다."** 이 말만큼 키워드 전략을 잘 설명해 주는 말도 없다. 더하지 않고 뺄 줄 아는 것이 퍼스널 브랜딩 키워드의 핵심이다.

무엇을 기준으로 덜어 내야 할까? 이때 유용한 기준이 바로 '삼성三性 프레임'이다. 하나의 키워드가 퍼스널 브랜드가 되기 위해서는 방향성, 연관성, 직관성까지 세 가지를 모두 충족하면 좋다.

1. 방향성 '나'는 어떤 고유한 키워드를 세상에 던지는가?

먼저 방향성이다. "나는 어떤 고유한 키워드를 세상에 던지고 싶은가?"를 고민해 보는 것이다. 스스로를 '평일에는 브랜드 컨설턴트, 주말에는 독서모임장'으로 소개하곤 하는데, 수많은 전문가가 사용하는 '브랜드 컨설턴트'라는 타이틀보다 나를 기억하게 만드는 건 '독서모임장'이라는 별칭이었다. 이처럼 선점되지 않은 키워드는 꾸준히 말하기만 해도 나의 것이 된다.

'제주어' 콘텐츠로 알려진 크리에이터 '뭐랭하맨'도 마찬가지다. 그는 2014년부터 '제주어'라는 좁고 깊은 키워드를 파고들었고, 2025년 제주도를 다룬 드라마인 〈폭싹 속았수다〉의 흥행과 함께 더 많은 사람에게 주목받는 크리에이터가 되었다.

대표 키워드가 이미 포화 상태라면 쪼개면 된다. '육아 전문가'라는 키워드는 오은영 박사가 장악하고 있지만, 최민준 소장은 '아들 육아 전문가'라는 세부 키워드로 자신의 영역을 확보했다. 부동산 업계도 마찬가지다. 모두가 '부동산 전문가'라고 말할 때, 강연옥(플팩) 대표는 '부동산 대출 전문가'라는 날카로운 키워드로 진입했다. 덕분에 그녀의 책 《플팩의 상급지로 가는 대출학》은 출간 직후 교보문고 경제/경영 분야 2위에 오르며 크게 주목을 받았다.

제품이나 서비스도 마찬가지다. 항공승무원 면접에 특화된 베럴미스피치 황숙민 대표는 초반엔 '답변반', '모의 면접반'처럼 일반적인 키워드로 강의를 운영했다. 하지만 '대한항공 영상 면접반'처럼 구체적인 키워드로 바꾸자 등록자가 증가했다. 나와의 퍼스널 브랜딩 컨설팅 이후 "나이가 어려 경력이 부족한 지원자", "나이가 많아 걱정인 지원자"처럼 연령대별 고민에 맞춘 구체적인 키워드로 사람을 모집하자 더 많은 지원자가 몰렸다. 이 또한 키워드를 쪼갰을 때 더 많은 사람들이 기억하고 주목한다는 것을 잘 보여 주는 사례다.

이처럼 **키워드를 좁히는 전략은 시대 흐름과도 맞물려 있다. 시대가 변하면서 인식의 단위도 세분화되고 있다. 과거에는 '서울 맛집'이 통했지만, 지금은 '성수 맛집' 같은 더 작고 구체적인 단위가 주목받는다.** 이 흐름을 이해하면 내가 선택할 수 있는 방향도 보다 정밀해진다.

2. 연관성 나의 이력과 키워드가 연결되는가?

다음은 연관성이다. 키워드는 그 사람의 삶과 연결될 때 힘을 가진다.

'그 사람이 하는 말'이 아니라 '그 사람이니까 하는 말'이어야 한다. '뭐랭하맨'의 제주 방언 콘텐츠가 설득력을 갖는 이유는 그가 제주도 출신이기 때문이다. '요즘 것들의 사생활'이라는 채널로 알려진 이혜민 대표가 '스토리파인더'로 활동하는 것도 마찬가지다. 오랜 에디터 경력을 통해 스토리를 수집하고 정리해 온 맥락이 그 별칭에 설득력을 부여한다.

정연우 대표는 연관성을 통해 설득력을 얻은 대표적인 사례다. 자영업자는 인건비 부담으로 대부분의 일을 혼자 해내야 하고, 마케팅 비용을 줄이기 위해 AI에 대한 관심도 높다. 이들에게 필요한 건 일반적인 AI 강의가 아니라 현실에 맞춘 '자영업자를 위한 AI 강의'다. 오프라인 매장 '이정 닭갈비'와 어린이 동치미 브랜드 '또담'을 직접 운영하며 AI를 적극 활용해 온 정 대표는, 자영업자들이 공감할 수 있는 실전 노하우를 갖추고 있다. 'AI로 똑똑한 장사, 똑사장'이라는 키워드로 유튜브 채널도 운영하는 정 대표에게 생활맥주, 청기와타운, 배민 아카데미 등 유명 프랜차이즈와 자영업 관련 단체에서 강의 요청이 이어지는 이유도 여기에 있다. **삶의 궤적과 키워드가 겹칠 때, 그 키워드는 강한 신뢰를 얻는다.**

똑사장
AI로 우리가게
매출 폭발시키기

연관성이 애매할 때는 본질적인 연결고리를 찾아야 한다. 고등학교 교사에서 금융 콘텐츠 기획자로 전직한 지인에게 나는 '눈높이 콘텐츠 제작'이라는 개념을 제안한 적이 있다. 학생 눈높이에 맞춰 설명했던 경험은 대중에게 금융을 쉽게 설명하는 데 그대로 활용될 수 있기 때문이다. 숏폼 콘텐츠로 인해 대중의 집중력이 점점 떨어지는 게 문제일 때 집중력이 부족한 학생들을 가르쳤던 선생님의 장점은 더더욱 빛을 발할 수 있다. 고유한 방향성은 삶의 맥락에서 비롯될 때, 다시 말해 연관성이 높을 때 더 강한 설득력을 갖는다.

3. 직관성 사람들이 즉시 의미를 파악할 수 있는가?

마지막은 직관성이다. 멋있어 보이지만 복잡한 키워드는 길고 긴 설명을 요한다. 광고를 할 때 설명을 많이 해야 할수록 비용은 그에 비례해서 늘어난다. 즉 복잡한 만큼 돈이 많이 든다는 말이다. 사람들은 한 번에 이해되는 키워드를 쉽게 기억한다.

페이스북에서 리더십에 대한 글로 많은 관심과 화제를 모았던 신수정 대표는 '리더의 리더'로 불린다. 그럼 신 대표는 어떤 일을 하고 있을까? 그렇다. 리더들에게 리더십 교육을 하고 있다. 그가 운영하는 임팩트리더스 아카데미는 신수정 대표를 "사람들의 존재 혁신을 통해 탁월한 리더를 육성하는 구루GURU"라고 소개한다. '리더의 리더'라는 키워드만으로 유추가 가능한 직관적인 설명이다.

최근 '텍스트힙'이라는 흐름과 함께 스레드, X(구 트위터) 같은 텍스트 기반 플랫폼이 주목받고 있다. 그만큼 글을 통해 영향력을 행사하는 인플루언서들도 빠르게 늘고 있다. 이들은 어떤 키워드로 기억될 수 있을까? '텍스트 크리에이터'라는 표현은 어떤가? 단어만 들어도 활동 방식이 직관적으로 떠오른다. 실제로 미국에서는 이 키워드가 꽤 널리 쓰인다. 이 단어가 설명 없이도 이해된다면 그것만으로도 퍼스널 브랜딩 키워드로 충분한 자격을 갖춘 셈이다.

또 하나의 주목할 만한 키워드가 있다. 궤도, 우주먼지, 이독실의 공통점은 무엇일까? 본인을 '과학 커뮤니케이터'라고 소개한다는 점이다. 전 세계적으로 가장 많이 팔린 대중과학서 《코스모스》를 쓴 칼 세이건Carl Edward Sagan처럼, 이들은 어려운 과학을 대중에게 쉽게 풀어내는 역할을 한다. 예전에는 이들을 지칭할 뚜렷한 용어가 없었지만, 이제는 과학으로 대중과 소통한다는 의미가 직관적으로 담긴 '과학 커뮤니케이터'라는 키워드 덕분에 더 많은 사람들이 이들의 정체성과 활동을 쉽게 이해하고 공감할 수 있게 되었다.

직관적인 키워드가 떠오르지 않거나 본인의 일이 대중에게 다소 낯설게 느껴진다면 어떻게 해야 할까? 이럴 땐 '익숙한 이미지'를 빌려 직관성을 먼저 확보하는 것이 효과적이다. 대표적인 전략이 바로 '스큐어모피즘Skeuomorphism'*38과 '하이콘셉트High Concept'**39이다.

스큐어모피즘은 원래 디지털 디자인에서 출발한 개념으로, 실제 사물의 질감이나 형태를 디지털 환경에 모방해 적용하는 기법이다. 쉽게 말해, 새로운 기능이나 개념을 기존에 익숙한 형상으로 구현해 사용자에게 직관적으로 다가가도록 돕는 전략이다. 예를 들어, 스마트폰의 전화 아이콘이 옛날 유선전화기 모양인 것처럼 이미 알고 있는 이미지를 통해 낯선 기능을 이해하게 만든다. 이 방식은 설명 없이도 즉각적인 인지를 가능하게 하며, 낯선 개념을 쉽게 받아들이도록 돕는다. 퍼스널 브랜딩에서도 동일한 방식이 통한다. 예를 들어, AI 기술이 발전하면서 새롭게 생긴 '프롬프트 엔지니어'는 '질문 설계자'라고 부르면 그 역할을 더 쉽게 이해할 수 있다.

하이콘셉트는 익숙한 레퍼런스를 활용해 새로운 콘텐츠를 설명하는 전략이다. 드라마 〈무빙〉을 '한국판 X맨'이라고 소개하면, 장르나 분위기가 단번에 떠오르게 된다. 이는 새로운 개념이나 프로젝트를 빠르게 전달하고, 공감대를 형성하는 데 특히 효과적이다. 퍼스널 브랜딩에서 하이콘

---

* 원래 이 용어는 예술에서 의도적이지만 불필요한 디자인 요소를 뜻했지만, 지금은 기존의 활동이나 경험을 모방하는 기술을 의미하는 경우가 많다.
** 하이콘셉트는 한 문장으로 요약 가능한 강렬한 아이디어를 중심으로 한 작품으로, 대중성과 마케팅에 유리하다. 복잡한 서사보다 '만약 ~라면?' 같은 전제로 관심을 끄는 것이 특징이다.

셉트는 '○○계의 누구'처럼 친숙한 대상을 끌어와 나를 설명할 때 유용하게 쓰인다. 예컨대 'Z세대의 나영석 PD'라는 말만 들어도 어떤 분야에서 어떤 톤으로 활동하는지 이미지가 바로 그려진다.

밴드 소란의 고영배가 대중에게 처음 각인된 것도 같은 원리였다. 인디 음악을 즐기거나 라디오를 자주 듣는 사람들에게는 이미 입담 좋은 가수로 알려져 있었지만 일반 대중에게는 낯선 인물이었다. 그런 그가 '라디오계의 유재석'이라는 비유 하나로, 어떤 캐릭터인지 단번에 각인됐다. **복잡한 설명보다 직관적인 인상을 먼저 남기는 것, 그것이 퍼스널 브랜딩 키워드의 시작이다.**

물론 처음부터 방향성, 연관성, 직관성을 모두 갖춘 키워드를 떠올리긴 쉽지 않다. 이럴 땐 앞서 말한 '스큐어모피즘'이나 '하이콘셉트' 같은 전략을 활용해 먼저 낯선 개념에 익숙한 이미지를 입히는 것이 유효하다. 완성형 키워드를 만드는 여정 속에서 이런 비유적 표현은 직관성을 먼저 확보하고, 점차 방향성과 연관성을 채워 나가는 데 도움을 준다. 즉 삼성 프레임은 도달해야 할 기준이며, '텍스트 인플루언서'나 '라디오계의 유재석' 같은 키워드는 그 방향을 향한 임시의 전략적 키워드일 수 있다.

방향성, 연관성, 직관성을 고루 갖춘 키워드는 그 자체로 강력한 브랜드가 된다. '세일즈 작가'라는 키워드를 만든 황현진 대표가 대표적인 예다. 그는 NS홈쇼핑 쇼핑호스트로 활동하며 2년 연속 최다 매출 기네스 기록을 세운 인물이었다. 하지만 이러한 이력이 강의 시장에서는 뚜렷한 차별점으로 작용하지 못했다. 이에 그는 '세일즈 작가'라는 새로운 키워드를 만들고, 책과 강의는 물론 회사 이름까지 이 키워드에 집중했다. 본인을 '세일즈 대본을 쓰는 세일즈 작가'로 정의한 것이다.

이 키워드는 그의 커리어와 명확하게 연결됐고(연관성), '작가'라는 단어는 콘텐츠 기반의 강의를 떠올리게 했으며(직관성), '세일즈'는 그가 다루는 핵심 분야를 선명하게 드러냈다(방향성). 결과적으로 그는 세일즈 분야에서 가장 먼저 떠오르는 사람이 되었고, 자신만의 브랜드를 확립하게 되었다.

　기억은 더할수록 흐려지고, 뺄수록 또렷해진다. 내가 무엇을 할 수 있는지 다 설명하려 들기보다 **단 하나의 키워드로 요약할 수 있어야 한다.** 그 키워드는 삼성 프레임 즉 방향성, 연관성, 직관성을 모두 충족할 때 비로소 강력한 퍼스널 브랜드가 된다.

항목	설명	키워드 예시
방향성	고유한 주제, 선명한 메시지	아들 육아 전문가, 제주어 전문가
연관성	삶과 경력에서 자연스럽게 이어지는 맥락	홈쇼핑 쇼호스트에서 세일즈 작가
직관성	한 번에 와닿는 표현, 설명이 필요 없는 단어	리더의 리더, 텍스트 크리에이터

비주얼
눈으로 기억하게 만들자

인간은 외부 정보를 받아들이는 데 있어 시각에 가장 많이 의존한다. 일부 연구에 따르면, 우리가 기억하는 정보의 80%가량이 시각적 자극에서 비롯된다고 한다.[40]

"책을 표지만 보고 판단하지 말라"라는 격언이 존재한다는 사실 자체가 오히려 사람들의 시각 중심적 판단이 얼마나 흔한지 방증한다. 그만큼 시각적 정보는 강력하고 즉각적이다. 퍼스널 브랜딩에서도 '보여지는 것'이 핵심 요소다. 내가 말을 꺼내기도 전에 이미 나를 설명하는 이미지가 사람들의 머릿속에 들어간다. 그 이미지가 곧 메시지다.

기업 브랜딩에서도 시각적 정체성은 핵심적인 역할을 한다. 브랜드 로고, 색상 조합, 폰트, 이미지 스타일, 제품 및 패키징 디자인 등은 모두 고객이 브랜드를 인식하고, 다른 브랜드와 구별하며, 신뢰를 형성하는 데 기여하는 요소들이다. 예를 들어, 네이버, 카카오, 삼성이라는 브랜드명을 들으면 자연스럽게 초록색, 노란색, 파란색이 각각 떠오르지 않는가?

이처럼 일관된 시각 요소는 브랜드를 빠르게 기억하게 만들고, 브랜드가 전달하고자 하는 성격과 가치를 직관적으로 이해하게 돕는다.

퍼스널 브랜딩도 크게 다르지 않다. 우리는 로고나 패키징을 만들지는 않지만, **내가 꾸준히 보여 주는 외형적 특징이 곧 나만의 브랜딩 요소가 된다.** 퍼스널 브랜딩이 절대적으로 필요했던 정치인들이 이를 잘 보여 준다.

미국 건국 초기, 새 정부의 형태에 대한 논쟁은 많았지만 초대 대통령에 대한 이견은 없었다. 조지 워싱턴George Washington이 만장일치로 선출됐다. 그는 전쟁터에서 용기와 리더십을 보여 준 인물이었고, 전후에도 국민을 직접 만나기 위해 전국을 돌며 소통했다. 그래서 지금도 미국 북동부를 여행하다 보면 "조지 워싱턴이 이곳에서 잤다"라는 표지판을 자주 볼 수 있다.

하지만 워싱턴을 단지 덕망 있는 지도자로만 보는 것은 오해다. 그는 강한 정치적 야망을 지녔을 뿐만 아니라 자신의 이미지를 전략적으로 관리할 줄 아는 인물이었다. 실제로 그는 사람들이 자신을 '미국 대통령 각하'라고 부르기 원했던 것으로도 잘 알려져 있다. 당시 전기 작가들은 워싱턴이 명성과 외적 인상 관리에 매우 세심했다고 기록하고 있다. 키 189cm의 장신이었던 그는 항상 단정하고 위엄 있는 태도를 유지했으며, 재단사에게 옷깃의 너비와 단추 개수까지 세밀하게 지시할 정도로 외모 관리에 공을 들였다. 이러한 요소들은 전쟁터에서든 정치 무대에서든 워싱턴이라는 인물의 '시각적 정체성'을 구축하는 데 핵심적인 역할을 했다.[41]

엘리자베스 홈즈Elizabeth Anne Holmes는 시각적 정체성의 전략적 사용이 얼마나 강력하면서도 위험할 수 있는지 보여 주는 대표적 사례다. 검은 터틀넥, 빨간 립스틱, 금발 생머리까지 그녀는 이 조합으로 '여성 스티브 잡스'라는 강한 인식을 만들어 냈고, 이 이미지를 앞세워 테라노스를 한때 기업 가치 90억 달러(약 12조 원)에 이르게 했다. 기술 검증도 제대로 되지 않은 상태에서 수많은 투자자들이 그녀의 비주얼과 스토리에 현혹되었다. 그러나 이 모든 것은 '실리콘밸리 최대 사기극'의 일부였다. 재판에서는 이전과는 정반대의 모습으로 등장했다. 셔츠와 스커트, 부드러운 웨이브 헤어, 기저귀 가방까지 이번에는 대중의 감정을 누그러뜨리고, '엄마'라는 새로운 정체성으로 공감과 동정을 얻기 위한 전략이었다. 물론 그녀의 행동은 결코 정당화될 수 없지만, 시각적 메시지가 대중 인식과 의사결정에 미치는 힘만큼은 분명하게 드러났다.[42]

스티브 잡스Steven Paul Jobs와 마크 저커버그Mark Elliot Zuckerberg도 반복을 통해 시각적 브랜딩을 만든 대표적 인물이다. 잡스의 검은 터틀넥과 청바지, 저커버그의 회색 티셔츠는 단순한 습관처럼 보이지만, 그 일관된 반복이 브랜드를 만들었다. 그들에게 패션은 정체성이었다.

나는 캡 모자를 즐겨 쓴다. 그래서 '캡선생'이라는 닉네임도 함께 쓴다. 몇 번 나를 본 적 있는 사람들도 "캡 모자 쓰고 다니는 사람"이라고 기억할 정도다. '캡선생'을 내세우는 SNS 프로필도 모자를 쓴 사진으로 통일해 두었다. 복잡한 디자인이나 강렬한 색이 아니어도 상관없다. **중요한 건 '일관된 반복'이다. 작고 단순한 시각적 요소라도 계속 노출되면, 어느 순간 그것은 브랜드가 된다.**

기업이 이미지 스타일을 정하고, 디자인 레이아웃과 패키징에 공을 들이는 이유는 브랜드의 감성적 연결을 강화하기 위해서다. 시각은 감정을 자극한다. 사진 한 장, 제품의 곡선, 포장의 색감 등은 단순한 시각 정보 이상이다. 퍼스널 브랜딩에서도 같은 원리가 적용된다. 어떤 각도로 사진을 찍고, 어떤 표정으로 말하며, 어떤 환경에 자주 노출되느냐가 기억을 만든다. 시각적 반복이 브랜드를 만든다는 점에서 기업과 사람은 다르지 않다.

퍼스널 브랜딩은 시각에서 출발하지만, 기억에 오래 남는 브랜드는 오감을 활용한다. 향, 말투, 목소리 같은 감각적 요소들이 인식 그 이상으로 감정과 기억을 자극한다. 예를 들어, 가수 비는 늘 같은 향수를 써서 향기만으로도 자신을 떠올리게 한다고 말했다. 일관된 말투나 억양 역시 브랜드의 일부다. 기업들이 단지 로고나 색상에 그치지 않고, 브랜드 사운드(넷플릭스의 '두둥'), 공간 연출(젠틀몬스터 매장의 전시형 구성), 향기(교보문고 특유의 향)까지 설계하는 이유가 바로 여기에 있다.

결론적으로, 퍼스널 브랜딩은 대기업처럼 복잡한 매뉴얼이 필요한 건 아니지만, '보여지는 것'을 전략적으로 설계하고 꾸준히 반복하는 것이 매우 중요하다. 당신의 브랜드는 말보다 먼저 눈에 띄는 이미지로 인식된다. 그리고 그 이미지가 오래 기억될수록 당신이라는 브랜드의 힘도 커진다.

채널
넓게 그리고 깊게

"천천히 서둘러라"라는 뜻의 라틴어 격언 "페스티나 렌테Festina Lente"는 언뜻 모순처럼 들리지만 곱씹어 볼수록 깊은 통찰이 느껴지는 말이다. 유선 이어폰 줄을 떠올려 보자. 조급하게 잡아당기면 더 꼬이고 오히려 천천히 하나씩 푸는 게 더 빠르다. 페스티나 렌테, '빨리 가고 싶으면 천천히 가라'는 이 역설적인 태도는 지금의 브랜딩 채널 전략에도 그대로 통한다.

타깃을 좁히고 키워드를 정했다면 이제는 어떤 채널을 활용할지 결정해야 한다. 이 전략을 한 문장으로 요약하면, '넓게 그리고 깊게'다. 처음엔 넓게 퍼져야 반응을 확인할 수 있고, 이후에는 반응이 있는 곳을 깊게 파야 퍼스널 브랜드가 자리 잡는다. 그리고 퍼스널 브랜드가 깊게 자리 잡으면 다시 넓게 확장할 수 있게 된다.

10인 미만의 브랜드 대표가 흔히 하는 실수 중 하나는, 너무 이른 시점에 자사몰에 집중하는 것이다. 플랫폼 수수료가 부담되고, 고객 데이터도 직접 확보하고 싶다는 이유에서다. 그러나 네이버 스마트스토어, 쿠팡, 컬리 등에서 어느 정도 팔린다고 자사몰로 바로 이전한다고 해서 고객이 따라오지는 않는다. 그 플랫폼에서 잘 팔린 이유는 대부분 이커머스 플랫폼 특유의 검색 알고리즘, 리뷰 신뢰도, 구매 적립 혜택 때문인 경우가 많다. 다시 말해, 고객이 '브랜드를 기억하고 좋아해서'가 아니라 '그 플랫폼에서 우연히 발견했기 때문'이라는 점이다.

이럴 때는 브랜드명 검색량이 일정 기준 이상 올라올 때까지는 플랫폼에서 꾸준히 판매를 유지하면서 자사몰은 조용히 준비하는 것이 좋다.*43 브랜드명을 직접 검색해 들어오는 고객이 눈에 띄기 시작할 때가 자사몰로의 전환 타이밍이다.

퍼스널 브랜딩도 마찬가지다. 콘텐츠를 올리기로 마음먹은 사람들에게서 가장 자주 듣는 질문이 있다. "어디에 올리는 게 좋을까요?" 글을 쓰는 사람이라면 블로그, 브런치스토리, 스레드, X(구 트위터) 등을 고려하고, 영상을 만드는 사람이라면 유튜브 쇼츠, 인스타그램 릴스, 틱톡 중에서 고민한다. 그때마다 나의 답변은 한결 같다. "모든 곳에 올리세요."

물론 채널별로 반응이 좋은 콘텐츠가 조금씩 다를 수 있다. 하지만 시작할 때부터 이를 고민할 필요는 없다. 오히려 내가 설정한 타깃과 메시지가 어느 채널에서 더 반응이 좋은지 그대로 확인하는 것이 방법이다. 짧은 글을 썼다면 일단 스레드나 X와 같은 단문 텍스트 플랫폼에 올려 보고, 그 글을 길게 편집하여 블로그나 브런치스토리에 올리면 된다. 영상도 마찬가지다. 숏폼으로 만들었다면 다양한 플랫폼에 올려 반응을 살펴

---

* 검색량의 기준은 카테고리나 브랜드마다 다르기 때문에 절대적인 수치는 없다. 다만 오프라인 매장을 운영 중이라면 청기와타운 양지삼 대표의 말을 참고할 만하다. 그의 책 《일하는 사장의 생각》에서 테이블이 12~13개인 식당이라면, 월간 검색량이 3,000일 때 줄 서는 매장이 될 가능성이 크다고 말한다.

보고, 롱폼 역시 마찬가지로 테스트해 보면 된다.

이렇게 실험을 통해 어느 채널에서 반응이 오는지 확인한 뒤에야 본격적으로 브랜딩 전략을 설계할 수 있다. 처음부터 개인 웹사이트를 만들어 사람들을 끌어들이려는 시도는 효과적인 전략이 아니다. **다양한 채널에 나를 노출해 보고, 어느 채널에서 반응이 오는지 확인한 뒤 거기서부터 깊게 파는 것이 좋다. 최종적으로는 나만의 채널(네이버 카페, 뉴스레터, 멤버십 개인 웹사이트 등)로 독립하는 것이 이상적인 흐름이다.** 지금부터 각 채널의 특성과 전략적 활용법을 구체적으로 살펴보자.

1. 유튜브 '화면 건너편의 사람'이 되는 효과

가장 강력한 인지도를 만들어 주는 채널은 여전히 유튜브다. 얼굴이 나오고 목소리가 들리는 콘텐츠는 강한 신뢰를 남기기 마련이다. 구독자 수가 적어도 얼굴을 드러내는 채널은 소규모지만 강력한 팬덤이 생기기 쉽다. 일본의 1인 기업가 야우치 하루키는 이를 '화면 건너편의 사람'이 된다고 표현했다.[44] 쉽게 말해, TV에 나오는 사람처럼 낯익고 신뢰감 있는 존재가 되는 것이다. 다만 단점은 분명하다. 촬영/편집에 많은 시간과 에너지가 들고, 외모나 목소리 노출에 대한 부담도 크다.

2. 인스타그램 낮은 진입장벽, 높은 친밀감

이미지 중심의 플랫폼으로 시작했지만, 최근에는 릴스 같은 짧은 영상 중심의 변화가 눈에 띈다. 그래도 여전히 간단한 이미지와 텍스트만으로도 콘텐츠 운영이 가능해 접근성이 높다. 유튜브가 스타를 만드는 플랫폼이라면, 인스타그램은 '친한 동네 언니/오빠' 같은 친밀한 연결을 만든다. 커뮤니티 기반 공동구매 등에도 유리하다.

3. 틱톡 빠른 확산, 짧은 반응 테스트

틱톡은 짧은 시간 내 확산력을 확인하기에 가장 적합한 플랫폼이다. 15초~1분 내외의 짧은 영상으로도 수만 명에게 노출될 수 있고, 알고리즘 중심이라 팔로워가 적더라도 콘텐츠가 크게 터질 수 있으며, 반응을 빠르게 확인할 수도 있다. 하지만 콘텐츠 수명이 짧고, 팬덤 유지가 어렵다는 점에서 '테스트'에 최적화된 채널이라 할 수 있다.

4. 스레드/X(트위터) 가장 가볍게 시작할 수 있는 실험실

짧은 글로 콘텐츠를 실험해 볼 수 있는 공간은 바로 스레드와 X다. 시간과 자원을 거의 들이지 않고도 콘텐츠의 반응을 빠르게 확인할 수 있는 '테스트베드' 같은 역할을 한다. 특히 반응이 좋았던 글은 블로그나 브런치스토리, 영상 콘텐츠로 확장하는 데 훌륭한 출발점이 된다. 스레드는 다른 플랫폼에 비해 팔로워를 모으는 것도 비교적 쉬운 편이다. 단점도 명확하다. 팬덤이 형성되기보단 단발성 소비로 끝나는 경우가 많고, 꾸준히 운영하지 않으면 어느 순간 '무반응의 타임라인' 속에 묻히기 쉽다.

5. 블로그/브런치스토리 누적되는 기록, 브랜드 자산

장문의 글을 좋아한다면 블로그나 브런치스토리 같은 플랫폼이 제격이다. 꾸준히 쌓이면 '검색되는 자산'이 된다. 다만 처음에 팬을 확보하는 데는 시간이 걸리며, 노출되기까지 시간이 필요한 만큼 빠른 반응을 기대하기는 어렵다. 하지만 콘텐츠 확장이나 전문성 어필에는 매우 효과적이다.

6. 링크드인 전문성을 중심으로 한 신뢰 구축 채널

링크드인은 '어떤 말을 하는가'보다 '누가 말을 하는가'가 더 부각되는 플랫폼이다. 메시지보다 메신저의 신뢰도와 배경이 더 중요하게 작용한다. 그리고 그 메신저의 후광은 학력과 경력이다. 이력서 기반의 구조 자체가 신뢰의 기본 장치 역할을 한다. 만약 이 부분에서 어필할 수 있다면, 링크드인은 훌륭한 퍼스널 브랜딩 도구가 된다. 업과 관련된 글을 뾰족하게 쓰고, 업계 공감을 얻는다면 전문가 네트워크가 빠르게 형성되면서 자연스럽게 비즈니스 기회도 따라온다. 구직 채널이라는 편견이 있지만, B2B 기반의 1인 사업가나 프리랜서에게는 오히려 가장 강력한 채널이 될 수 있다.

채널을 시작할 때 주의할 점이 있다. 유튜브/인스타그램/틱톡처럼 알고리즘 기반 채널은 초기 반응이 중요하다는 점이다. 채널 개설 직후 지인들에게 무리하게 구독을 유도하면 오히려 채널이 '관심 없는 계정'으로 판정될 수 있다. 지인은 구독은 해도 콘텐츠를 잘 소비하지 않기 때문에 알고리즘이 '반응 없는 채널'로 판단해 버린다. 팔로워 수는 많지만 반응률이 낮은 계정은 알고리즘이 저품질 계정으로 인식하고 노출 자체를 줄이는 구조이기 때문이다.

결론은 하나다. **처음부터 한 채널에 올인하지 말고, 먼저 넓게 실험하자.** 여러 채널에 나를 던져 보고, 어디서 더 반응이 오는지 확인하면 비로소 '파고들 수 있는 지점'이 보인다. 반응이 있는 곳에서 팬덤을 만들고, 그 팬덤을 기반으로 콘텐츠를 확장해 가는 것이 퍼스널 브랜딩의 가장 현실적이고 단단한 성장 전략이다.

"깊게 파고 싶다면, 먼저 넓게 파자."

채널 전략은 직선이 아니라 순환이다. 실험하고, 반응을 확인하고, 깊게 파고, 다시 넓혀야 한다. 이 순환을 반복할수록 콘텐츠는 더 정교해지고, 브랜드는 더 단단해진다.

"페스티나 렌테 Festina Lente." 느리지만 단단한 이 전략이 결국 가장 빠른 길이다.

구독자 수는 더 이상 의미가 없다?

직장인들이 가장 많이 하는 거짓말이 있다. "퇴사하고 유튜브나 해야지." 이 말을 하는 사람 중 대부분은 퇴사를 하지도, 유튜브를 시작하지도 않는다. 그럼에도 이렇게 말하는 이유가 있다. 구독자를 수십만, 수백만 보유한 유튜버의 삶이 부럽기 때문이다. 하고 싶은 것을 마음껏 하며 돈도 많이 버는 그들을 어떻게 부러워하지 않을 수 있겠는가? 그런데 과연 그럴까?

구독자 약 140만 명을 보유한 유튜브 채널 '지식한입'에 어느 날 이런 제목의 영상이 올라왔다. "140만 유튜버도 적자, 유튜브 하지 마세요." 믿기 어려운 이야기였다. 영상마다 수십만에서 수백만 조회수를 기록하는 채널인데도 적자라니, 충격적인 이야기였다. 영상에 따르면, 콘텐츠 제작에 들어가는 시간과 비용을 고려하면 단순 영상 조회수 광고 수익으로는 운영이 되지 않는다고 했다.

더 심각한 문제는, 구독자 수는 많은데 영상 조회수는 턱없이 낮은 채널들이 점점 늘고 있다는 점이다. 이는 단순한 콘텐츠 퀄리티의 문제가 아니라 플랫폼 구조의 근본적인 변화 때문이다. 패트리온Patreon*의 공동 창업자 잭 콘티Jack Conte는 이를 '팔로워의 종말The Death of the Followers'이라 부른다.45

한때는 구독자 수가 곧 노출량이었다. 사람들이 구독한 채널의 콘텐츠를 플랫폼이 우선적으로 보여 줬다. 하지만 틱톡TikTok의 등장은 이 문법을 바꿔 버렸다. **이제는 누가 구독했느냐보다 사람들이 어떻게 '반응'하느냐가 우선 기준이 되었다.** 얼마나 오래 시청했는지, 어느 부분에서 스크롤을 멈췄는지 같은 사용자의 '행동 데이터'를 기반으로 콘텐츠가 추천된다. 이 구조는 빠르게 반응을 수집하기 쉬운 숏폼 콘텐츠에 최적화돼 있다. 유전학에서 수명이 짧은 초파리를 실험에 활용하듯 플랫폼도 짧은 콘텐츠로 사용자 반응을 더 빠르게 관찰하고 수집한다.

틱톡의 성공을 본 유튜브와 인스타그램도 뒤늦게 각각 쇼츠와 릴스를 강화하기 시작했다. 짧은 콘텐츠를 통해 더 빠르게 사람들의 행동 데이터를 수집하기 위한 전략이었다. 문제는 이러한 구조에선 기존 구독자에게 내 콘텐츠가 도달하지 않는 경우가 많아졌다는 점이다. 한마디로, 구독자의 시대가 끝나 가는 것이다.

이제 어떻게 해야 할까? 크리에이터 생태계에서 가장 앞서 있는 미국의 흐름을 보면 해답의 실마리가 보인다. 요즘 미국 크리에이터들은 팟캐스트나 이메일 뉴스레터를 적극적으로 활용한다. 단순 노출이 아닌 '신뢰 기반 콘텐츠'에 집중하는 것이다.

미국의 연쇄 창업가 라이언 대니얼 모런Ryan Daniel Moran은 판매에 가장

---

* 팬이 크리에이터에게 매달 일정 금액을 후원할 수 있도록 만든 플랫폼

큰 영향을 주는 채널의 순서를 팟캐스트, 블로그, 이메일 리스트, 유튜브, SNS 순으로 보았다.46 왜 팟캐스트와 뉴스레터가 주목받을까? 관계의 밀도가 높기 때문이다.

먼저 팟캐스트는 플랫폼 의존도를 줄일 수 있는 채널이다. 라디오의 속성을 닮았기 때문이다. TV와 라디오는 사용자 소비 방식에서 근본적인 차이가 있다. TV는 리모컨으로 채널을 돌리며 흥미로운 콘텐츠를 '선택'하는 반면, 라디오는 한 번 주파수를 맞추면 해당 채널을 계속 '유지'하며 듣게 된다. 이 '선택'과 '유지'의 차이가 곧 반복 노출 빈도의 차이를 만들고, 유대감의 깊이를 바꾼다.

방송인 전현무가 '국민 비호감' 이미지를 벗고 '무디(전현'무' '디'제이)'라는 애칭을 얻은 것도 라디오 DJ로 활동한 덕분이다. 매일 아침 같은 시간에, 같은 목소리로 이야기를 건네는 사람에게는 어느새 정이 든다. 심리학에서는 이를 '단순 노출 효과Mere Exposure Effect'라 부른다. 자주 접할수록 친근하게 느껴지는 현상이다.

오디오 콘텐츠의 가능성을 간파한 크리에이터들도 빠르게 움직이고 있다. 침착맨, 피식대학 같은 유튜브 기반의 인기 크리에이터들이 최근 팟캐스트 형식의 콘텐츠로 확장하는 중이다. 오디오는 충성도 높은 팬층을 만들기에 유리하고, 유튜브 알고리즘 변화에도 덜 민감하다는 강점이 있다. 실제로 유튜브 내에서는 비디오 콘텐츠를 오디오 전용으로 재구성하는 실험도 활발하다. 바밍 타이거의 '오메가 사피엔스'와 프로듀서 조준호가 진행하는 '슈즈오프 팟캐스트'는 이 흐름 속에서 빠르게 주목받고 있는 사례다(영상 콘텐츠이지만 음성 콘텐츠처럼 소비할 수 있는 팟캐스트 포맷이다).

팟캐스트가 기존 플랫폼 안에서 밀도를 높이는 전략이라면, 뉴스레터는 플랫폼 밖에서 나만의 채널을 만드는 전략이다.

주말랭이 뉴스레터를 운영하는 황엄지 대표는 유튜브나 인스타그램처럼 알고리즘 기반 플랫폼은 나를 빠르게 확산시킬 수 있다는 장점이 있지만, 노출 알고리즘이나 플랫폼 정책에 휘둘리기 쉬운 구조이기도 하다고 말한다. 반면 뉴스레터는 구독자의 메일함이라는 사적인 공간으로 직접 찾아가는 채널로, 알고리즘 없이도 능동적으로 관계를 만들어 갈 수 있다는 점에서 매력적이라고 강조한다. 더 많은 크리에이터들이 이처럼 스스로 통제할 수 있는 채널에 눈을 돌리고 있다.[47]

대표적으로 이슬아 작가가 있다. 월 1만 원 구독료로 월요일부터 금요일까지 메일을 보내는 '일간 이슬아'는 단단한 팬층을 만들었고, 어떤 플랫폼에도 끌려다니지 않는 강력한 퍼스널 브랜드를 만들어 냈다.

이제 기민한 크리에이터들은 플랫폼의 알고리즘에 휘둘리지 않기 위해 이메일, 디스코드, 텔레그램, 자체 웹사이트, 네이버 카페 등 알고리즘 없이 도달 가능한 채널로 확장하고 있다. 핵심은 하나다. 남의 플랫폼에 기대지 않고, 직접 사람에게 닿을 수 있는 구조를 만들어야 한다. '채널은 빌린 집이지만, 이메일이나 카카오톡 리스트는 내 집'이라는 말이 괜히 나오는 게 아니다. 플랫폼이 바뀌어도 연결이 끊기지 않는 힘이 퍼스널 브랜드의 지속력을 만든다.

앤디 워홀은 말했다. "미래에는 모두가 15분간 전 세계적으로 유명해질 것이다." 그 15분을 어디에 쓸지, 어디에 축적할지 우리는 고민해야 한다. 유행에 휘발될 것인가, 관계로 남을 것인가.

스킨인더게임
다리를 지었다면 그 밑에 살아라

많은 사람이 지켜보는 가운데 회사 대표가 발표를 하고 있다. 그런데 한 직원이 갑자기 칼을 들고 일어나 상사를 찌르기 시작한다. 그것도 있는 힘껏 여러 번. 놀랍게도 아무도 비명을 지르거나 놀라지 않는다. 대표도 침착하다. 아니, 침착함을 넘어서 더 찌르라고 손짓한다. 무슨 상황일까?

PPSS Group
PPSS 그룹, 국제 보안 엑스포에서 차세대 칼 조끼 출시

이 장면은 방검복 시연 현장이다. 백 번의 설명보다 한 번의 시연이 더 확실하다. 회사 대표가 자신의 몸을 걸고 성능을 입증했기에 이를 본 사람에게 더 이상의 설명은 필요 없어 보인다.

라식 수술 사례도 비슷하다. 라식 수술을 망설이는 사람들이 자주 하는 말이 있다. "의사도 안경 쓰잖아요." 다시 말해, 좋다고 권하는 사람이 정작 자신은 하지 않으니 믿을 수 없다는 것이다. 말과 행동이 일치하지 않아 불신을 느끼는 것이다. 하지만 어느 순간부터 의사들이 직접 라식 수술을 받으면서 환자들의 신뢰도 높아져 주저하던 사람들도 수술을 받기 시작했다. 요즘은 본인뿐 아니라 가족에게 직접 수술을 하는 경우도 있다고 적극적으로 알린다.

이처럼 본인이 한 말을 본인이 책임지는 행위를 '스킨인더게임Skin in the Game'이라고 한다. 고대 로마의 건축가는 다리를 지은 뒤 일정 기간 그 아래에서 거주해야 했다고 전해진다. 자신이 설계한 구조물에 목숨을 걸고 책임졌다는 것이다. 이게 스킨인더게임의 전형적인 사례다.*48 그렇게 행동하는 사람에게는 신뢰가 따라붙고, 이러한 신뢰는 퍼스널 브랜딩의 핵심이 된다.

물론 모든 일이 그렇게 극적일 필요는 없다. 다만 본인이 동의하지 않는 메시지를 단지 사람들의 반응이 좋다는 이유로 선택하지 말아야 한다. 얼마간은 속일 수 있겠지만 결국 사람들은 안다. 대중은 무서울 만큼 예리하다. 그래서 스킨인더게임을 잊지 말아야 한다.

나는 4년 가까이 트레바리에서 독서모임을 진행하고 있다. 트레바리에는 크게 두 종류의 모임장이 있다. 파트너와 클럽장이다. 파트너는 트레바리 멤버로 활동한 경험이 있는 지원자 중 운영 적합성을 평가해 선발한다. 클럽장은 해당 분야에서 전문성을 인정받은 인물들로 구성된다. 이름만 들어도 알 만한 사람도 많다.

나는 트레바리 클럽장 중에서도 가장 덜 알려진 축에 속한다. 그럼에도 4년 가까이 모임을 꾸준히 매진시켜 온 이유는, '스킨인더게임'을 해왔기 때문이라고 생각한다. 다른 클럽장들이 성공 경험을 나누는 방식이라면, 나는 멤버들에게 말한 내용을 직접 실천하고 그 과정을 다음 모임

---

* 역사적 사실에 대한 진위에는 논란이 있다.

에서 나눴다. 나는 성공 사례보다 시행착오와 변화를 담은 성장의 경험을 나눴다. 이를 통해 신뢰를 형성할 수 있었고, 이 신뢰는 1년 이상 꾸준히 등록하는 멤버들로 이어졌다.

그럴싸한 말은 누구나 할 수 있다. 책이나 방송, 챗GPT와 같은 AI 기술을 통해서도 그런 말은 쉽게 구할 수 있다. 하지만 그 말을 삶에 직접 적용해 보고, 직접 겪은 생각과 감정을 나누는 사람은 많지 않다. **스킨인 더게임은 퍼스널 브랜딩의 깊이와 속도를 다르게 만든다. 결국 삶이 반영된 진짜 기록만이 사람들의 마음을 움직이고 지속적인 신뢰를 만든다.**

이 차이가 퍼스널 브랜딩의 깊이와 속도를 결정짓는다. 직접 부딪히고, 책임지는 태도가 있을 때 콘텐츠는 비로소 진짜 이야기가 된다. 결국 삶이 담긴 기록만이 사람의 마음을 움직이고 지속적인 신뢰를 만든다.

오늘의 MVP, 아니 MVC는?

처음 창업하는 사람들이 흔히 저지르는 실수 중 하나는, 자신의 아이디어를 지인에게 묻고 그 반응을 그대로 신뢰하는 것이다. 어렵게 시작해서 열정으로 가득한 지인에게 부정적인 피드백을 줄 수 있는 사람은 그리 많지 않다. 그래서 이런 질문과 답변은 시장조사라기보다는 자기 위안에 가깝다.

불특정 다수를 대상으로 한 설문조사는 이보다는 낫겠지만, 그 결과도 곧이곧대로 믿는 것은 위험하다. 응답자들은 말로는 "구매하겠다"라고 하지만 실제로 지갑을 여는 경우는 드물다. 말에는 돈이 들지 않지만, 행동에는 돈이 들기 때문이다. 결국 중요한 건 실제 반응이다.

이런 시행착오는 대기업도 피하지 못한다. 유럽의 한 자동차 브랜드는 시장조사 끝에 미국 시장에 진출하면서 부자들의 세컨드카Second Car라는 콘셉트를 밀었다. 그러나 시장 반응은 냉담했다. 해당 브랜드 차량은 세컨드카로 소유하기엔 가격이 높고 실용성이 떨어졌기 때문이다. 다음으로는 빠르게 노후화되던 미국차와 대비해 '내구성'을 강조했지만, 이 역시 성공적이지 않았다. 수많은 시행착오 끝에 이 브랜드는 '안전성'이라는 콘셉트를 전면에 내세웠고, 시장은 크게 반응했다. 바로 '안전한 차'의 대명사, 볼보Volvo의 이야기다. 49

볼보 같은 대기업은 이런 시행착오를 일정 기간 견딜 충분한 자본과 뛰어난 인재들이 있다. 하지만 개인은 그렇지 않다. 그렇다면 어떻게 해야 할까? 답은 MVP에 있다. 여기서 MVP는 스포츠에서 말하는 최고의 선수Most Valuable Player가 아니라, '최소 기능 제품Minimum Viable Product'을 뜻한다. 핵심 기능만 갖춘 시제품을 빠르게 만들어 시장 반응을 먼저 확인하는 방식이다. 50

예를 들어, VR 안경을 만들고 싶다면, 고가의 완제품을 만들기 전에 실제 무게와 형태만 구현한 더미 제품으로 착용감을 테스트해 볼 수 있다. 콘텐츠는 컴퓨터 화면으로 보여 줘도 충분하다. 사용자 반응은 그 정도로도 확인된다.

콘텐츠도 마찬가지다. 최소 기능 콘텐츠, 즉 MVCMinimum Viable Content로 확인 가능하다. **최소한의 시간과 에너지로 만든 콘텐츠를 먼저 세상에 내놓고, 반응을 본 뒤 확장하는 방식이다.**

나도 최소 비용으로 대중의 반응을 검증할 수 있는 MVC 전략을 적극 활용한다. 가장 적은 에너지로 시도할 수 있는 콘텐츠는 짧은 글이다. X나 스레드 같은 플랫폼에 몇 줄만 적어도 바로 반응을 확인할 수 있다는 점이 강점이다. 반응이 괜찮다면 블로그나 브런치스토리처럼 장문의 글로 확장한다. 여기서도 긍정적인 신호가 있다면 더 많은 시간과 에너지가 드는 유튜브 영상이나 전자책, 혹은 팟캐스트로 발전시킬 수 있다. 이 책 역시 초기 아이디어의 반응을 검증하고, 점진적으로 확장해 온 결과물이라고 볼 수 있다.

이와 비슷한 사례로 미국의 SF 작가 앤디 위어Andy Weir 가 있다. 그는 자신의 블로그에 단편 소설과 웹툰을 올리며 독자층을 확보했고, 이후에는 장편 소설을 연재 형식으로 무료로 공개하기 시작했다. 독자의 피드백을 반영하여 과학적 정확성과 스토리 흐름을 보완하며 완성도를 높였고, 이 연재본을 전자책으로 유료 출간했다. 이 전자책은  아마존에서 3만 5,000부 이상 팔리며 큰 반향을 일으켰고, 이후 종이책으로 출간되었으며, 리들리 스콧 감독과 맷 데이먼 주연의 영화 〈마션The Martian〉으로도 제작되었다. 처음에는 가벼운 창작 활동에 가까웠지만, 팬들의 피드백을 바탕으로 콘텐츠 포맷이 점점 정교해졌고, 결국 세계적 성공으로 이어진 것이다.[51]

이처럼 **MVC는 단순한 절약 전략이 아니다. '이 콘텐츠가 잘될까?'라는 답이 없는 질문에 시간을 다 쓰기보다는, 사람들의 반응을 통해 시장의 답을 얻는 방식이다.** 이 과정을 반복할수록 실패는 줄고 성공 확률은 높아진다.

시간은 금이다. MVC는 이 금 같은 시간을 낭비하지 않으면서도 성공 확률을 높이는 가장 현실적인 전략이다. MVC로 시행착오와 리스크를 최소화하고, 가장 빠르게 성공 가능성을 높여 나만의 분야에서 MVP로 성장해 보자.

단기 기억에서
장기 기억으로

"마케팅은 바로 매출로 효과를 확인할 수 있지만, 브랜딩은 어떻게 측정해야 할지 모르겠어요. 방법이 있을까요?" 한 강의에서 들은 질문이다.

물론 브랜딩도 매출 증대로 이어져야 한다. 브랜딩은 상품과 서비스의 가치를 높이고, 장기적으로 매출에 기여해야 한다. 하지만 브랜딩은 즉각적인 구매와 매출로 이어지지 않는 장기적인 접근이기에 그 효과를 빠르게 확인하는 것이 쉽지 않다. 그래서 대기업에서는 주기적으로 브랜딩의 성과를 측정하는 고객 조사를 진행한다. 그중 수치화하기 좋은 지표가 있다. 바로 최초상기Top of Mind, 비보조상기Unaided Awareness, 보조상기Aided Awareness다.

예를 들어, "카페 하면 가장 먼저 떠오르는 브랜드가 무엇인가요?"라는 질문에 대부분은 '스타벅스'를 떠올릴 것이다. 이 경우 스타벅스는 최초상기도가 높은 브랜드다. 다음으로 "카페 하면 떠오르는 브랜드를 모두 적어 보세요"라고 하면, 메가커피, 이디야커피, 커피빈, 블루보틀 등의 브랜드가 나올 것이다. 이러한 브랜드는 비보조상기도가 높은 브랜드다. 마지막으로 "프릳츠 커피를 아시나요?"라고 물었을 때, 많은 사람이 안다고 답하면 프릳츠 커피는 보조상기도가 높은 브랜드다.

이처럼 사람들의 인식 차원에서 브랜딩이 잘된 브랜드인지 아닌지는 '가장 먼저 떠오르는지', '이름을 언급하지 않아도 떠오르는지', '이름을 언급하면 떠오르는지'와 같은 순서로 확인할 수 있다.

퍼스널 브랜드도 마찬가지다. 특정 키워드를 들었을 때 가장 먼저 떠오르는 사람은 최초상기도가 높은 강력한 퍼스널 브랜드다. 별다른 설명 없이도 떠오른다면 비보조상기도가 높은 퍼스널 브랜드이고, 이름을 언급하면 알아보는 정도라면 보조상기도가 높은 퍼스널 브랜드다. 다시 말해, 특정 타깃에게 특정 키워드에서 가장 먼저 떠오르는 사람이 되는 것이 퍼스널 브랜딩의 목표다.

가수 성시경은 2014년 4월까지 약 4년간 MBC FM4U 'FM 음악도시'의 DJ로 활동하며, 매일 밤 방송 끝에 "잘자요~"라는 클로징 멘트를 남겼다. 방송이 끝난 지 10년이 지난 지금도 이 멘트는 여전히 많은 이들의 기억 속에 생생하다. 단기 기억을 넘어 장기 기억으로 남은 대표적인 사례다.

많은 사람이 따라 부르는 라디오 광고도 마찬가지다. 단순한 멜로디와 가사를 끊임없이 반복했기에 대중의 뇌리에 박힌 것이다. '조강지처가 그렇게 좋다'는 썬연료는 지금도 라디오에서 동일한 CM송을 반복 재생 중이다. 편곡은 있었을지언정 가사와 메인 멜로디는 변함이 없다. 썬연료는 국내 휴대용 부탄가스 시장 점유율 70% 이상, 전 세계 시장 점유율 60% 이상을 자랑하며 부동의 1위 자리를 유지하고 있다. 브랜딩의 힘은 바로 반복에 있다.

이와 관련된 '웃픈' 유머도 있다. 영어가 서툰 한 사람이 미국에서 자전

거를 타다 넘어졌는데, 지나가던 미국인이 "Are you okay?"라고 묻자, 그는 반사적으로 "Fine, thank you. And you?"라고 대답했다고 한다. 반복된 학습은 이처럼 우리의 뇌에 자동화된 반응을 만들어 낸다.

결국 우리의 이름이 단기 기억에 스치듯 들어간 뒤 머릿속에 각인되어 장기 기억으로 넘어가게 만들어야 한다. 기억 속을 스치는 존재가 아니라, 필요할 때마다 가장 먼저 떠오르는 사람이 되어야 한다. 그게 바로 퍼스널 브랜딩이 작동하는 방식이다.

이를 잘 이해하고 행동한 인물이 있다. 우리나라에서 가장 많은 사람에게 알려지고, 경제적으로도 큰 성공을 거둔 격투기 전문가 추성훈이다. 그는 한 인터뷰에서 이렇게 말했다.

"기록보다 기억에 남는 사람이 되고 싶어서 다양한 분야에서 온 힘을 다해 달리고 있습니다."[52]

단순히 이긴 사람보다 오래 기억되는 사람이 되고 싶다는 말로, 퍼스널 브랜딩에 대한 이해도가 높은 사람만이 할 수 있는 이야기다. 전 세계에서 누적 판매량 5억 부를 돌파한 일본 만화책《원피스》에서도 비슷한 메시지가 등장한다.

"사람이 언제 죽는다고 생각하나? (…) 사람들에게서 잊혀졌을 때다."[53]

퍼스널 브랜딩도 마찬가지다. 기억되지 않는 브랜드는 존재하지 않는 브랜드와 다를 바 없다. 중요한 건 기억이다.

이를 위해서는 지금까지 알아본 전략에 더해 '꾸준함'을 이야기할 수밖에 없다. 인간의 뇌세포는 반복적인 자극을 받을수록 더 강력하게 연결되고, 장기 기억이 된 순간 쉽게 끊을 수 없는 네트워크를 형성한다.

기억은 반복을 통해 만들어진다. 뇌는 자주 사용하는 정보일수록 관련

된 신경세포 간의 연결, 즉 회로를 강화한다. 이때 연결되는 부위를 '시냅스Synapse'*라고 하며, 이 연결이 강화되거나 약화되는 성질을 '시냅스 가소성Synaptic Plasticity'**이라고 부른다. 반복적인 자극은 이 회로를 지속적으로 활성화시켜 기억을 더 안정적으로 저장하고 오래 유지되게 만든다. 쉽게 말해, 자주 떠올리고 반복한 기억일수록 뇌는 '이건 중요한 정보'라고 판단해 오랫동안 보관하는 것이다.

기억하자. 반복과 꾸준함이 우리의 이름을 단기 기억에서 장기 기억으로 옮겨 주는 진짜 '브랜딩의 다리'다. 그 다리를 건너야만 퍼스널 브랜드라는 목적지에 도달할 수 있다.

---

* 신경세포의 신경돌기 말단이 다른 신경세포와 접합하는 부위. 이곳에서 한 신경세포에 있는 흥분이 다음 신경세포에 전달된다.
** 자극에 따라 신경 연결이 강화되거나 약화되는 성질

Key Questions from [A]

정답보다 더 오래 가는 건 스스로 찾은 '답'입니다. 여러분만의 속도로 이 질문들에 천천히 답해 보세요.

ⓠ 퍼스널 브랜딩의 목적이 '나'에서 '너'로 향하고 있는가?
퍼스널 브랜딩은 철저히 '나'를 위한 일이지만, 진짜 의미를 가지려면 반드시 '너'를 위한 것이 되어야 한다. 나의 강점을 알리는 데서 멈추지 말고, 상대가 얻을 혜택을 전달하고 있는지 점검하자. 강점은 맥락에 따라 단점이 될 수도 있다. 따라서 나의 강점을 장점으로 여겨 줄 '타깃'을 명확히 설정해야 한다.

ⓠ 진정성이라는 말에 속고 있진 않은가?
'진정성'이라는 단어를 막연하게 쓰지 말고, 지속성(꾸준히 계속하는 것), 노출도(있는 것을 드러내는 것), 차별성(남과 다른 하나를 반복하는 것)으로 소비자가 진정성을 느낄 방법을 고민하자.

ⓠ 타깃을 단 한 명까지 좁혔는가?
타깃을 넓히면 아무에게도 도달하지 않는다. 단 한 명의 고객이 명확하게 떠오를 만큼 구체적으로 좁혀야 오히려 더 많은 사람에게 강렬히 닿는다.

ⓠ 타깃을 좁히면 고객을 놓친다고 생각하진 않는가?
구체적인 타깃팅은 오히려 주변 사람들에게 더 명확하게 메시지를 전달한다. 처음엔 뾰족하게 시작하되, 브랜드가 성장하면 얼마든지 확장할 수 있다.

ⓠ 나만의 키워드를 '삼성 프레임(방향성·연관성·직관성)'으로 정리했는가?
방향성은 '쪼개기'로 남과 다른 나만의 영역을 찾고, 연관성은 내 삶과의 연결로 설득력을 높이며, 직관성은 낯선 개념도 단번에 이해되는 언어로 표현해야 기억에 남는다.

ⓠ 보여지는 이미지를 전략적으로 설계하고 있는가?
사람은 말보다 먼저 이미지를 기억한다. 일관된 시각적 요소를 반복해 노출하면 그것이 곧 브랜드가 된다. 퍼스널 브랜딩은 보이는 것에서 시작되고, 꾸준히 보여 줄 때 기억으로 남는다.

ⓠ 처음부터 자사몰이나 개인 채널로 직행하고 있진 않은가?
처음엔 여러 채널에서 넓게 반응을 실험한 뒤 반응이 오는 채널을 깊게 파고, 최종적으로 나만의 채널로 사람을 끌어들이는 것이 이상적이다.

ⓠ 구독자나 팔로워 숫자만 믿고 있진 않은가?
숫자는 중요하지 않다. 플랫폼의 알고리즘에 의존하지 않는 팟캐스트, 뉴스레터, 커뮤니티 등 관계의 밀도를 높이는 채널을 통해 진짜 팬을 만들자.

ⓠ 스킨인더게임을 하고 있는가?
자신이 한 말과 행동을 일치시키는 게 신뢰의 핵심이다. 이론이나 멋진 말보다 직접 실행하고 경험을 공유하는 사람이 진정한 퍼스널 브랜드를 만든다.

ⓠ MVC(최소 기능 콘텐츠)로 빠르게 시장 반응을 확인하고 있는가?
완벽한 콘텐츠보다 최소한의 에너지로 제작한 콘텐츠를 통해 시장 반응을 빠르게 테스트하고, 그 결과를 바탕으로 더 큰 콘텐츠로 확장해야 성공 확률이 높아진다.

ⓠ 내 이름이 고객의 장기 기억에 남도록 꾸준히 반복하고 있는가?
퍼스널 브랜딩은 장기 기억을 목표로 한다. 단기 기억에서 장기 기억으로 넘어가기 위해서는 한 번의 강렬한 인상보다 꾸준히 반복된 노출이 중요하다.

"당신의 네트워크network가 곧 당신의 자산net worth이다."
포터 게일 Porter Gale

CHAPTER 4
나의 메시지를 '확장'

* 원문은 "Your network is your net worth."

혼자 빨리 가는 대신 함께 멀리 가기

타임머신을 타고 10만 년 전으로 돌아가 보자. 당신 앞에 덩치도 더 크고 심지어 머리도 더 좋은 사람이 서 있다. 불행하게도 이 사람과 경쟁해서 살아남아야 한다. 다시 말해, 지적 능력도, 육체적 능력도 열세인 내가 저 어마어마한 사람과 생존을 두고 다투어야 한다는 말이다. 답이 없어 보이는 이 상황에서 우리는 암담함을 느끼고 무력해질 수밖에 없다.

이건 터무니없는 상상이 아니다. 네안데르탈인을 앞에 둔 호모사피엔스가 실제로 마주했던 현실이다. 네안데르탈인은 대뇌 용량이 호모사피엔스보다 더 컸다. 심지어 뼈도 더 두껍고 근육질이었다. 지능과 힘 모두 앞섰을 가능성이 크다. 이런 존재와 맨몸으로 마주한 호모사피엔스의 두려움은 상상을 초월했을 것이다.[54]

흥미로운 점은 살아남은 쪽은 네안데르탈인이 아니라 호모사피엔스였다는 데 있다. 어떻게 가능했을까? 답은 '협력'에 있다. 네덜란드 사상가 뤼트허르 브레흐만Rutger Bregman은 이를 컴퓨터에 비유했다. 네안데르탈인은 초고성능 컴퓨터였지만 네트워크가 부실했고, 호모사피엔스는 구형 컴퓨터였지만 와이파이를 자유롭게 쓸 수 있었다. 다시 말해, 호모사피엔스는 느렸지만 서로 연결되었다. 그리고 잘 연결된 쪽이 결국 살아남았다. '협력의 승리'라고 부를 수 있다.[55]

이 점은 퍼스널 브랜딩의 폭발적 성장에도 그대로 적용된다. 혼자만의 능력으로 앞서가려는 사람은 연결 없이 혼자였던 네안데르탈인의 방식에 머무는 셈이다. **반대로 자신의 부족함을 인정하고, 이를 메꿔 줄 사람과 협력하는 사람은 호모사피엔스처럼 멀리 간다.** 아프리카 속담에도 이런 말이 있다. "혼자 가면 빨리 갈 수 있지만, 함께 가면 멀리 갈 수 있다." 이제 우리가 해야 할 일은 '나'를 넘어서 '우리'로 나아가는 것이다.

협업의 필요성에 대해서는 대부분 안다. 하지만 어떻게 좋은 사람과 협업할 수 있는지는 언제나 숙제다. 이 문제의 핵심은 의외로 단순하다. 함께할 사람들의 가슴을 뛰게 할 '꿈'이 있어야 한다. 생텍쥐페리의 말이 이를 잘 보여 준다. "배를 만들고 싶다면 사람들에게 나무를 가져오게 하고, 일을 분담하고, 지시하는 법을 가르치지 말라. 그저 끝없는 바다에 대한 동경을 가르쳐라."

이와 비슷한 맥락의 이야기를 하는 사람도 많다. 그중 한 명이 일본의 천재 편집자로 불리는 미노와 고스케다. 그는 자신을 '혁신의 최전선에서 허풍을 떠는 사람'이라고 표현했다. 화려한 깃발을 세우고, 보물이 어디에 있는지 떠들기만 한다는 것이다. 그러면 그 깃발을 본 머리 좋은 사람들과 실행력이 뛰어난 사람들이 모여 결국 그 허풍을 현실로 만들어 버린다.

더 놀라운 건, 이들이 미노와 고스케에게 돈을 받고 일하는 것이 아니라 오히려 돈을 내고 자발적으로 함께 일한다는 점이다. 그가 운영하는 '온라인 살롱'에는 매달 약 6만 원을 내고 참여하는 사람이 1,000여 명에

달한다. **사람들의 가슴을 뛰게 만드는 '꿈'이 얼마나 강력한 힘을 지니는지 보여 주는 대표적인 사례다.**[56]

수천 억대 자산가이자 세일즈의 대가인 그랜트 카돈 Grant Cardone도 같은 본질을 강조하며 '10배의 법칙 10X Rule'을 말한다. 목표를 단순히 10배 키우라는 것이다. 경제적 목표가 100억 원이라면, 1000억 원을 목표로 재설정하는 것이다. 목표를 10배로 키우면 반드시 협업이 필요해진다. 10배로 커진 목표는 주변 사람들의 심장을 뛰게 하고, 그들을 움직이게 만든다.[57]

나 역시 이를 경험했다. 지금 당신이 읽고 있는 이 책 역시 '10배 키운 큰 꿈'이 촉발한 협업에서 비롯되었다.

첫 책을 지인과 함께 독립출판할 때 단순히 "책을 한 권 내자!"라고 말하는 대신 이렇게 이야기했다. "우리나라 베스트셀러는 물론 언젠가 일본 최대 서점인 츠타야 T-SITE에서 사인회를 열자." 황당하게 들릴 수도 있었지만, 그 '10배 키운 꿈'이 있었기에 서로 협력하며 성장할 수 있었고, 결국 세 번째 공식 출간 책까지 내게 되었다. 시간이 흐른 지금, 처음엔 반신반의했던 그 지인도 이렇게 말한다. "진짜 가능할 것 같아."

물론 협업이 쉽기만 한 것은 아니다. 부푼 꿈으로 시작했지만 얼마 지나지 않아 흐지부지되는 경우도 많고, 심지어 잘 되었을 때 더 큰 갈등이 생기기도 한다. 성과가 기대 이상으로 좋았는데, 그 과실을 누가 더 많이 차지하느냐를 두고 다투는 일도 드물지 않게 일어난다.

협업에는 단순한 열정 이상으로 책임감과 이타심이 필요하다. 책임감이란, '일단 시작한 일은 끝까지 해 보겠다'는 태도, 그리고 '내가 하겠다고 한 일은 반드시 완수하겠다'는 약속에 대한 무게감을 스스로 지는 자세다. 협업이란 약속의 연속이기 때문이다.

이타심은 단순한 배려가 아니다. 작은 파이에서 더 많은 것을 차지하려 하기보다는 더 큰 파이를 만들고 조금 덜 가져가겠다는 태도다. '함께 멀리 가기 위해서는 내가 잠시 손해 보는 것처럼 보여도 괜찮다'는 마인드가 필요하다.

또한 협업 대상이 책임감과 이타심을 가진 사람인지 파악하는 것도 중요하다. 단지 대화가 잘 통한다고 함께 일할 수 있는 것은 아니다. 대화와 일은 전혀 다른 차원의 문제이기 때문이다. 만약 확신이 없다면 작은 프로젝트로 먼저 협업을 시도해 보자. 협업은 책임감과 태도를 확인하는 가장 현실적인 방법이다. 협업의 규모가 커진다면 감정이나 호의에만 기대지 말고 계약서로 책임과 역할을 명확히 나누는 것도 필요하다.

결국 나의 메시지를 확장하려면 협업이 필요하고, 협업을 위해서는 모두를 설레게 할 꿈이 필요하다. 혼자 빨리 가는 데서 멈추지 말자. 모두의 가슴을 뛰게 할 꿈을 품고 '나'가 아닌 '우리'로 함께 멀리 가자.

[바람 빠진 풍선은 초라하고 과하면 터진다]

 방송인 홍석천이 주목한 남자 연예인은 언젠가는 뜬다는 속설이 있다. 대중의 취향을 꿰뚫는 눈이 있다는 의미다. 그와 비슷하게, 대중이 열광할 인플루언서를 초기에 알아보는 대표가 있었다. 평소 그 눈썰미의 비결이 궁금했는데, 마침 커피 한잔을 함께할 기회가 생겼다. 나는 망설임 없이 물었다.

 "어떻게 뜰 만한 사람을 미리 알아보시는 거죠?"

 '진정성'이라는 답이 먼저 나왔다. 맞는 말이지만, 내가 기대한 답은 아니었다. 구체적이거나 실행 가능하지 않기 때문이다('Chapter 3. 진정성이라는 말에 속지 마라' 참조). "열심히 공부하면 좋은 대학에 간다"라는 말과 비슷하게 들렸다. 조금 더 집요하게 질문을 이어 갔다. 그러자 드디어 내가 원하던 답이 나왔다. 그것은 '적절한 블러핑Bluffing'이었다. "블러핑이 과하면 재수 없고, 블러핑이 부족하면 촌스럽다"라는 것이 그 이유였다.

 블러핑을 단순히 '허세를 부린다'는 사전적 정의로 이해하면 본질을 놓치게 된다. 도박에서 '블러핑'이 가지는 의미를 생각해 볼 필요가 있다. 도박은 불완전한 정보 속에서 상대를 속이고 이익을 얻으려는 심리전이다. 현실에서도 모든 정보는 완전하지 않고, 인간도 완전히 합리적이지 않다. 진실을 살짝 과장하거나 연출하는 심리전이 블러핑의 핵심이다. 블러핑은 결국 상대의 확신을 흔들고 결정에 영향을 주려는 전략이다.[58]

퍼스널 브랜딩에서 블러핑은 남을 속이는 게 아니다. 핵심은, 우리가 살아가는 세상이 '불완전한 정보' 위에 세워져 있다는 점이다. 나조차 내 실력을 정확히 알지 못하고, 타인은 더더욱 모른다. 블러핑은 현재의 실력에 가능성을 덧붙여 내가 원하는 이미지를 상대에게 인식시키는 전략이다. 말하자면, **미래에 실현될 가능성을 현재에 먼저 보여 주는 셈이다.**

블러핑이 부족하면 어떤 일이 벌어질까? 타인의 관심에서 제외된다. 예를 들어, 미국 내 동아시아계 이민자들은 교육 수준이 높고 성실하지만, '대나무 천장Bamboo Ceiling'* 이라는 말이 있듯 리더십 자리에 오르기 어려운 경우가 많다. 고정관념이나 편견도 영향을 미치지만, 더 큰 이유는 이들이 문화적으로 자기 성과를 드러내는 데 익숙하지 않기 때문이다. 아무리 유능하고 성실해도, 스스로를 드러내지 않으면 기회를 얻기 어렵다. 겸손이 오히려 자신을 가리는 벽이 되는 셈이다.

반대로 블러핑이 지나치면 시기와 질투의 타깃이 된다. 독일 속담에 이런 말이 있다.

"순수한 기쁨이란, 다른 사람의 불행에서 느끼는 기쁨이다."**

---

* 유리천장(Glass Ceiling)이 여성 차별을 의미하듯, 아시아계 미국인이 직장에서 겪는 보이지 않는 승진 장벽을 의미한다. 인종적 고정관념과 문화적 차이 등으로 인해 고위 리더십 자리에 오르기 어려운 구조적 문제를 지칭하는 개념이다.
** 원문은 Die Reinste Freude ist die Schadenfreude.

대중은 빛나는 사람을 응원하기도 하지만, 한편으론 '언제 무너지나 보자'라는 시선을 갖는다. 조용헌 교수의 말에 따르면, 지리산을 다니다 보면 빨치산 루트는 대부분 능선 위가 아닌 8분 능선에 있다고 한다. 꼭대기로 올라가면 토벌대에게 발각되기 쉽기 때문이다. 꼭대기에는 시선이 집중된다. 나를 대단하게 바라보는 시선 속에는 나의 목숨을 노리는 스나이퍼의 시선도 섞여 있다. 정상은 영광과 함께 위험도 따르는 자리다.[59]

'광고천재 이제석' 역시 그런 블러핑의 예다. 미국 유학 중 세계 최대 광고제인 '원 쇼 칼리지 페스티벌'에서 1등상을 받은 이후 언론은 그를 '세계 광고계를 강타한 지방대 졸업생'이라 부르며 이미지에 불을 붙였다. '광고천재'라는 수식어는 대중의 시선을 단숨에 사로잡았고, 그의 브랜드를 빠르게 만들어 냈다. 하지만 이제석은 이 이미지가 지나치게 부풀어 오르지 않도록 스스로 바람을 빼기 시작한 것으로 보인다. 자서전과 본인의 SNS에서 자신을 '광고바보'라 부르며 블러핑의 공기를 조절하고 있는 것이다.

공동 창업을 했을 때 나도 비슷한 고민을 했다. 전 직장 동료들에게 '잘 되고 있다'라고 말할까, '어렵다'라고 말할까. 잘된다고 하면 도움을 받기 어려울까 걱정되고, 어렵다고 하면 거리를 둘까 봐 조심스러웠다. 사업 초반에는 이런 소소한 말 한마디도 고민하게 된다. 그때 문득 떠오른 생각이 있었다. 지인이 식당을 운영할 때 1년 내내 예약이 꽉 찬 집에서 초대받을 때와 파리 날리는 집에서 초대받을 때 느낌이 다르다. '잘 안된다'고 하면 손님이 도와주려는 마음으로 오고, '잘된다'고 하면 그냥 소비자의 입장으로 오거나, 오히려 배려 받았다는 감사함까지 느끼게 된다. 결국 '적당히 괜찮아 보이는 상태'를 연출하는 이 미묘한 블러핑이 사람의 행동을 이끈다.

누군가는 있는 그대로 보이는 게 최선이라고 말한다. 듣기에 정답 같지만 현실은 그렇게 단순하지 않다. '있는 그대로'란 현재 상태만을 드러내는 것으로, 미래 가능성까지 반영하긴 어렵다. 타인을 오직 현재의 객관적 사실만으로 바라보기 힘들다. 아니, 그렇게 볼 수 없다.

기업도 마찬가지다. 세계 최초의 주식회사로 알려진 네덜란드 동인도회사 voc도 당시 실적보다 '신대륙 무역의 가능성'에 대한 기대를 앞세워 투자금을 유치했다. 신대륙과 아시아 무역에서 벌어질 막대한 이익, 그러니까 미래에 대한 기대에 투자금을 모았다. 사람도 마찬가지다. 누군가를 응원한다는 것은 그 사람의 현재가 아니라 그 사람의 가능성까지 보고 믿는 것이다. 협업 역시 '지금 모습'이 아니라 '함께할 때의 가능성'을 본다. 대중의 마음을 움직이는 것도 마찬가지다. 현재의 모습만으로는 부족하다. 가능성까지 더한 모습이 사람들을 끌어당긴다. 나는 이 가능성까지 합산하는 작업을 '블러핑'이라고 부르고 싶다.

물론 블러핑이 과하면 사기가 된다. 이 경계선을 아는 것이 중요하다. 그 기준은 스스로 세워야 한다. 맨얼굴에 화장을 하는 것과 맨얼굴 위에 가면을 씌우는 것은 다르다.

적절한 블러핑은 적절하게 부풀어 오른 풍선과 비슷하다. 바람이 전혀 들어 있지 않은 납작한 풍선은 모양을 만들 수 없다. 적당히 바람을 불어넣어야 형태가 잡힌다. 그리고 어느 순간에는 오히려 바람을 조금 빼야 터지지 않는다. 터지지 않으면서 가장 아름다운 형태를 유지하는 것이야말로 대표가 말한 '적절한 블러핑'이 아닐까?

인플루언서 네트워크에 참여하라

　어느 업계나 강한 영향력을 가진 인플루언서가 있다. 이들은 유명 연예인처럼 대부분이 아는 사람일 때도 있지만, 업계에 속하지 않은 사람들에게는 낯선 전문가일 때도 많다. 그러나 지명도의 차이와 상관없이 이들이 업계에 행사하는 영향력은 상당하다. 맛집 인플루언서라면 특정 가게를 몇 달간 줄 세울 수 있고, 출판업계 인플루언서라면 서가에 묻혀 있던 책을 단숨에 베스트셀러로 만들기도 한다.

　흥미로운 점은, 대부분의 인플루언서들이 하나의 네트워크를 형성한다는 사실이다. 10만 명 이상의 구독자를 가진 경제 유튜버들이 합동 방송을 하거나, 서로의 채널에 게스트로 출연하는 식이다. F&B(식음료) 인플루언서들도 자신의 가게를 오픈하거나 관련 상품을 만들면 서로 자연스럽게 SNS를 통해 홍보해 준다. 마케팅 전문가 역시 마찬가지다. 책을 내면 자연스럽게 홍보를 주고받으며 베스트셀러까지 오르는 경우도 많다. 말하자면, 21세기의 품앗이인 셈이다.

이러한 인플루언서 네트워크는 강력한 해자Moat를 만든다. 해자는 원래 중세 성을 보호하던 방어용 물길에서 유래한 개념으로, 경제학에서는 경쟁자가 쉽게 넘을 수 없는 지속 가능한 우위를 뜻한다. 퍼스널 브랜딩에 있어서 인플루언서 네트워크는 바로 그런 해자가 된다. 이 네트워크에 참여하지 못하면 좋은 상품이나 서비스를 만들어도 알리기 힘들지만, 한 번 네트워크 안으로 들어가면 성장의 속도와 폭이 확연히 달라진다.

해자로 둘러싸인 성
챗GPT로 생성한 이미지

미국에서 가장 영향력 있는 방송인으로 꼽히는 오프라 윈프리Oprah Gail Winfrey는 이 네트워크의 힘을 단적으로 보여 준다. 그녀는 단순한 방송인이 아니라 수백만 명의 신뢰를 등에 업은 '메가 인플루언서'다. 실제로 오프라가 추천한 책들은 일반 베스트셀러보다 훨씬 더 오래 그 자리를 지켰으며, 일부는 수차례 순위에 오르기도 했다. 오프라가 추천한 14권의 페이퍼백* 도서는 베스트셀러에 올랐고, 약 8천만 달러(약 1,100억 원)의 시장 가치를 만들어 냈다. 이처럼 하나의 추천이 만들어 낸 파급력은 단지 콘텐츠의 힘만이 아니라 강력한 신뢰와 연결된 인플루언서 네트워크의 구조에서 비롯된 것이다.[60]

어떻게 이 네트워크에 들어갈 수 있을까? 먼저 내가 진입하고자 하는

---

* Paperback: 보급용으로 만든 저가 책

인플루언서 네트워크가 누구인지를 정확히 파악해야 한다. 찾는 방법은 간단하다. 내가 타깃으로 삼는 사람들이 누구를 팔로우하고 있는지를 살펴보는 것이다. 그 다음 그 인플루언서들이 어떤 형태로 콘텐츠를 만들고 배포하는지, 또 누구와 협업하는지 주의 깊게 살펴본다. 그렇게 네트워크의 형태와 구성원을 파악해야 한다.

다음으로 관계를 만들어야 한다. 방법은 다양하지만, 결국 하나로 요약된다. **'그들이 원하는 것을 찾아서 준다.'** 그러기 위해서는 먼저 그들의 관심사를 파악해야 한다. 잘 모르겠다면 그들이 주최하는 행사나 모임에 직접 참여해 보는 것도 좋은 시작이다. 그 다음은 내가 먼저 다가가는 일이다. 예를 들어, 내 채널에서 그들의 상품이나 서비스를 진심을 담아 자발적으로 소개하거나 리뷰할 수 있다. 채널이 어느 정도 성장한 이후에는 대가를 지불하고 초대하거나 협업을 제안하는 것도 가능하다. 이런 작은 실천들이 차곡차곡 쌓여 관계가 만들어지고, 그 관계가 협력의 시작이 된다.

나 역시 그렇게 했다. 브랜딩/마케팅 관련 인플루언서들이 주최하는 모임에 꾸준히 참석했고, 그들이 관심 가질 만한 내 책을 선물로 건넸다. 인상 깊었던 인플루언서의 콘텐츠는 내 인스타그램에서 자발적으로 소개하기도 했다. 물론 이 과정을 통해 모든 인플루언서와 가까워질 수는 없었다. 하지만 결이 맞는 사람들과는 가볍게는 SNS 친구가 되고, 깊게는 개인적으로 교류하는 사이가 되었다.

내가 새 책을 출간했을 때 그들은 자연스럽게 자신의 채널에서 내 책을 소개해 줬다. 그 덕분에 출간 한 달 만에 사라졌던 《마케팅 뷰자데》와 달리 《작은 기업을 위한 브랜딩 법칙 ZERO》는 1년이 지난 지금도 주요 서점 매대에 놓여 재쇄까지 찍을 수 있었다.

반드시 책이 있어야 하거나 유명해야 하는 게 아니다. **진심이 느껴지는 인상을 주는 일이 핵심이다. 댓글 한 줄, DM 한 통, 리뷰 한 장이 관계의 시작이 될 수 있다.** 작게라도 먼저 다가가는 것이 인플루언서 네트워크에 들어서는 첫걸음이다.

이슬아 작가는 이 점을 잘 보여 준다. 고등학생 시절, 아무런 경력도 없던 그녀는 당시 인터뷰에 거의 응하지 않던 노희경 작가와의 인터뷰를 성사시켰다. 어떻게 가능했을까? 《인생을 바꾸는 이메일 쓰기》에서 밝히듯, 핵심은 '상대에 대한 깊은 관심'이었다.

이 책에서 그녀는 '특별 호명술'이라는 개념을 소개한다. 이는 이메일 제목에서부터 차이를 만들어 내는 기술이다. '수식어+이름'의 구조로 상대를 특별하게 호명하는 방식이다. 핵심은 '나를 드러내는 제목'이 아니라 '상대를 드높이는 제목'에 있다. 예를 들어, "콜라보 제안드립니다" 대신 "진짜 마음에 드는 제품에만 정직한 리뷰를 남기시는 박지영 님께 협업 제안드립니다"라고 쓴다면 훨씬 더 따뜻하고 설득력 있게 다가온다. 상대의 콘텐츠를 세심히 읽고, 고유한 특징을 존중의 언어로 풀어내는 이 작은 차이가 상대의 마음을 연다.[61]

관계는 관심에서 시작된다. 인플루언서 네트워크도 마찬가지다. 상대의 콘텐츠를 깊이 있게 읽고, 사소한 디테일 하나라도 진심을 담아 반응하는 사람이 결국 기억에 남는다. 좋은 연결은 좋은 관찰에서 시작되고, 그 관찰은 좋은 언어로 이어질 때 진짜 관계가 된다.

이런 네트워크의 중요성은 예전보다 훨씬 더 커졌다. 인간은 본래 150명 정도의 집단, 이른바 '던바의 수 Dunbar's Number' 안에서 살아가도록 진화해 왔다.* 우리가 매일 얼굴을 기억하고 신뢰를 쌓을 수 있는 사람의 수는 본능적으로 150명 안팎이라는 뜻이다. 그러나 지금은 다르다.

지금은 150명을 넘어 수천, 수만 명과 쉽게 연결될 수 있는 시대다. 이 넓은 세상에서 내 존재감을 키우려면 전략적인 연결이 필요하다. 더 넓은 세상에서 내 존재감을 만들어야 한다. 이때 필요한 것이 바로 인플루언서 네트워크다.[62]

이 네트워크를 통해 당신의 메시지는 더 빠르고, 더 넓게 확장될 수 있다. 더 이상 150명 안에서 만족할 수는 없다. 폭발적으로 성장하고 싶다면 이미 서로 연결된 인플루언서 네트워크 안으로 과감히 뛰어들어야 한다. 지금이 그 타이밍이다. 개인이 콘텐츠를 만들고 퍼뜨릴 수 있는 도구는 이미 충분히 갖춰졌다. 중요한 건 연결이고, 그 연결을 가능하게 하는 것은 바로 네트워크다. 인간의 뇌는 협력을 통해 진화해 왔고, 지금 **우리에게 필요한 것도 바로 이 새로운 협력이다.** 이제 당신이 인플루언서 네트워크에 뛰어들 차례다.

---

* 던바의 수(150명)는 인간 인지 한계에 대한 가설로 널리 알려져 있지만, 최근 연구에 따르면, 인간 집단의 크기는 42명에서 520명까지 다양하게 추정되며, 고정된 수로 단정짓는 것은 부정확하다는 비판이 제기되고 있다. 스톡홀름대학교 연구진은 인간과 다른 영장류의 차이, 사회성의 복잡성 등을 고려할 때 던바의 수처럼 하나의 숫자로 인간 사회를 설명하는 것은 부적절하다고 지적했다.

자발적 바이럴의 핵심

"비즈니스의 핵심은 무엇일까?" 브랜딩이나 마케팅 강의를 할 때마다 내가 자주 던지는 질문이다. 이에 대한 답은 다양하게 나온다. 하지만 사업을 오래 해 본 사람일수록 한목소리로 강조하는 단어가 있다. 바로 '재구매'다.

재구매가 일어나지 않는다면 어떻게 될까? 끊임없이 신규 구매를 일으켜야 한다. 다른 말로, 모르는 사람을 계속 찾아서 그들을 설득해야 한다는 뜻이다. 이렇게 되면 비즈니스는 구조적으로 광고에 의존하게 되고, 돈을 쓰지 않으면 돈을 벌 수 없는 악순환에 빠진다.

퍼스널 브랜딩도 이와 비슷하다. 아무리 꾸준히 콘텐츠를 알리더라도, 한 번 본 유저가 반복해서 소비하지 않으면 결국 매번 새로운 사람에게 도달하기 위해 애써야 한다. 이런 구조 속에서는 '나'라는 브랜드가 단단하게 확장될 수 없다.

반대로 재구매가 잘 일어나면 어떻게 될까? 기존 고객이 계속 유지되는 가운데 신규 고객만 더해지면 비즈니스는 자연스럽게 '오늘보다 나은 내일'을 만들어 가는 선순환 구조에 들어선다. 게다가 재구매 고객이 자발적으로 다른 고객을 데려오기까지 한다면 그야말로 이상적인 흐름이다. 이것을 우리는 '자발적 바이럴'이라 부른다. 고객의 구매 여정을 단계별로 정리한 마케팅 퍼널Marketing Funnel*에서도 '인지 ➡ 고려 ➡ 구매 ➡ 재구매'를 지나 최종적으로 '자발적 바이럴'에 도달하는 것이 핵심 목표다.

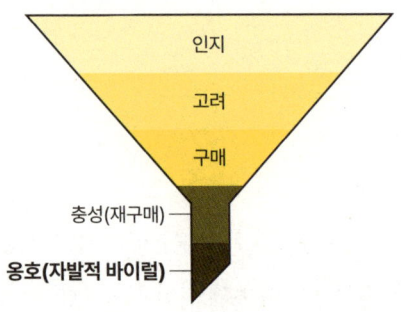

자발적 바이럴이 일어나면, 기업 입장에서는 가만히 있어도 매출이 늘어나고, 퍼스널 브랜딩에서는 별다른 노력 없이 나를 알고 신뢰하는 사람이 점점 늘어난다. 그야말로 꿈같은 일이다.

내가 트레바리에서 진행 중인 〈나, 브랜드〉 모임도 이러한 '자발적 바이럴' 단계에 도달한 덕분에 별다른 홍보 없이도 거의 모든 시즌이 매진되고 있다. 물론 처음부터 그랬던 것은 아니다. 시즌이 끝날 때마다 재참여하는 멤버들이 하나둘 늘었고, 이어 지인을 초대하거나 함께 등록하는

---

* 마케팅 퍼널은 많은 사람의 관심에서 시작해, 점점 좁아지며 실제 구매로 이어지는 고객 여정을 '깔때기(funnel)' 모양으로 시각화한 구조다

멤버들까지 생기기 시작했다. 시간이 흐르면서 〈나, 브랜드〉 모임은 대기자가 생길 만큼 인기를 끌게 되었고, 결국 이례적으로 〈회사 밖 나, 브랜드〉라는 이름으로 같은 콘셉트의 분점 모임까지 확장하게 되었다.

그렇다면 어떻게 해야 자발적인 바이럴이 일어날까? 핵심은 두 가지다. '기대 이상의 만족' 그리고 '명료한 언어화'다.

'기대 이상의 만족'이란, 고객이 기대한 수준을 100% 채우는 것만으로는 부족하다는 의미다. **경험하기 전에는 불편하지 않았던 것이, 한 번 제공받고 나면 '없었으면 불편했겠다'라는 감정을 불러일으켜야 한다.**

〈나, 브랜드〉 모임에서는 '시간 엄수', '모두에게 돌아가는 발언권' 같은 기본적인 기대를 충족하는 것이 가장 우선이었다. 다양한 모임을 경험해 보면 이런 기본조차 지켜지지 않는 경우가 있다. 예를 들어, 모임장이 자주 늦거나, 특정 멤버가 대화를 독점해 어떤 사람은 한마디도 못 하고 끝나는 경우도 있었다. 그래서 처음부터 기본을 철저히 지키는 데 집중했다.

여기에 더해, 모임을 함께 진행하는 파트너님과 모든 멤버의 독후감에 정성껏 댓글을 달고, 모임 중 나온 이야기를 실시간으로 단톡방에 요약해 공유했다. 이렇게 세심하게 설계된 경험은 예상 밖의 만족을 만들었다. 한 번 이런 경험을 한 사람은 다른 모임에서 이전에는 몰랐던 불편함을 자연스럽게 인식하게 된다. 이것이 바로 '기대 이상의 만족'이다.

'명료한 언어화'란, 쉽게 말해 친구에게 이 모임이 왜 좋은지 한 문장으로 설명할 수 있게 해 주는 것이다. 〈나, 브랜드〉 모임은 '아는 데서 끝나는 게 아니라 실천하게 되는 퍼스널 브랜딩 모임'이라고 요약할 수 있었다. 이 표현은 실제 후기 속에서 자주 반복되었고, 결국 "실질적인 도움이 되는 퍼스널 브랜딩 모임"이라는 말이 자연스럽게 퍼지게 되었다.

결국 퍼스널 브랜딩이든 비즈니스든 자발적 바이럴은 '경험'과 '언어'가 만날 때 시작된다. **고객이 자발적으로 이야기하고 싶게 만들고, 이야기할 때 쓸 수 있는 단순하고 강력한 표현을 제공해야 한다.** 이것이 없다면 아무리 좋은 상품과 서비스도 쉽게 입소문이 나지 않는다. 자발적 바이럴은 우연이 아니다. 철저히 설계된 경험과 명확한 언어가 만든 결과다.

광고 실험
타깃과 메시지를 빠르게 검증하는 법

광고는 왜 할까? 알리기 위해서다. '넓을 광廣', '알릴 고告'라는 단어 자체가 '널리 알린다'는 뜻이다. 그렇다면 왜 널리 알리려는 걸까? 궁극적으로는 팔기 위해서다. 그게 상품이든, 서비스든, 내 콘텐츠든 말이다.

이 뻔한 이야기를 하는 이유는 퍼스널 브랜딩을 고민하면서도 '널리 알리는 행위'인 광고를 염두에 두지 않는 분들이 많기 때문이다. 그리고 하나 더, 내가 알리는 메시지가 세상 사람들의 마음을 움직일 수 있는지, 지갑을 열만큼 가치가 있다고 여기는지 확인할 방법으로 광고만큼 빠른 수단이 없기 때문이다. 그런 의미에서 광고는 선택이 아니라 필수다.

사실 광고를 제대로 설명하려면 한 권의 책으로도 부족하다. 그래서 여기서는 핵심만 이야기하려 한다. 지금 우리가 하려는 광고는 곧바로 팔기 위한 것이 아니다. 시장의 반응을 빠르게 검증하기 위한 '실험'이다.

나는 대기업이든 중소기업이든 마케팅 프로젝트를 빠르게 기획할 때 항상 '타깃'과 '메시지'를 먼저 확인한다. 앞서 'Chapter 3'에서 말했듯 타깃은 '단 한 명의 고객'이고, 메시지는 '그 고객이 가진 단 하나의 문제에 대한 해결책'이다. 그런데 브랜드 컨설팅을 하다 보면 이 질문에 명쾌하게 답하는 브랜드는 거의 없다.

이를 찾기 위해 기나긴 내부 회의나 비싼 고객조사에 시간을 쏟는 건 비효율적이다. 정답은 고객에게 있기 때문이다. 그리고 그 고객이 입이 아닌 지갑을 열 때 우리는 고객의 진심을 알 수 있다. 그 진심을 가장 빠르게 확인할 수 있는 수단이 바로 광고다.

광고는 대기업만의 영역이라고 생각하는 사람도 여전히 많다. 하지만 아니다. 하루 1만 원으로도 광고 실험은 가능하다. 그중 대표적인 도구가 메타Meta 광고 관리자다.  이 플랫폼에서는 페이스북과 인스타그램 광고를 통합해 정밀하게 집행하고 결과를 분석할 수 있다. 개인이라면 하루 1만 원씩 일주일만 실험해 보자. 7만 원으로 '내 메시지가 누군가의 클릭을 이끄는가'를 검증할 수 있다. 꽤 괜찮은 실험 아닌가?

방법은 간단하다. 먼저 '타깃'을 테스트한다. 예를 들어, 여러분이 세일즈 코치라고 생각해 보자. 동일한 이미지에 다음과 같은 문구를 넣어 광고 소재를 만든다.

- 1번 소재: 화장품 업계 종사자를 위한 세일즈 강의
- 2번 소재: 자동차 업계 종사자를 위한 세일즈 강의
- 3번 소재: 제약 업계 종사자를 위한 세일즈 강의

그 후 광고를 집행하고, 일주일 뒤 어떤 문구에 클릭이 가장 많이 발생했는지 확인한다. 클릭률이 높다는 건 그 업계 사람들이 내 메시지에 많

은 관심을 보였다는 뜻이다.

타깃이 '화장품 업계'로 좁혀졌다면, 이제 메시지를 테스트할 차례다. 같은 대상에게 다른 메시지 세 가지를 동시에 던져 본다.

- 1번 소재: 1년 차 뷰티 셀러도 이틀 만에 첫 매출을 만든 세일즈 포인트
- 2번 소재: CS 잘하는 뷰티 직원이 오히려 세일즈 못하는 이유
- 3번 소재: 고객이 '다시 찾아오는' 화장품 세일즈의 비밀

이렇게 메시지를 바꿔 광고를 집행하면 클릭률로 어떤 문장이 가장 반응을 이끌었는지 바로 알 수 있다. 이게 바로 데이터로 확인하는 고객의 마음이다. 이 단계를 거치고 나면 타깃은 명확해지고 메시지는 선명해진다. 그리고 이 조합이 제대로 맞으면 그 뒤의 광고는 성장을 이끄는 엔진이 된다.

이제 외치기 전에 실험하자. 핵심은 **'내가 하고 싶은 말'이 아니라, '상대가 듣고 싶은 말'을 찾아가는 것이다. 그 출발점이 바로 광고 실험이다.**

단체사진 효과
퍼스널 브랜드에 '함께'를 더하기

《작은 기업을 위한 브랜딩 법칙 ZERO》에서 나는 '단체사진 효과 Group Photo Effect'라는 개념을 제시했다. 간단히 말하면 이렇다. 단체사진을 찍으면 누구를 가장 먼저 보게 될까? 그 사진에 내가 있다면 나를 가장 먼저 본다. 내가 없고 아는 사람이 있다면 아는 사람을 먼저 찾게 된다. 나도 없고 아는 사람도 없다면 가장 눈에 띄는 사람을 보게 된다. 이건 수많은 상품 앞에 선 고객의 시선과도 비슷하다.[63]

고객은 수많은 상품 중에서 본인이 만든 브랜드를 가장 먼저 보게 된다. 직접 만든 상품이든, 제조 과정에 참여한 상품이든 마찬가지다. 그 다음에는 아는 브랜드에 눈길이 가고, 마지막으로 차별화된 브랜드가 눈에 들어온다. 물론 상황에 따라 다를 수는 있지만, 일반적으로는 이런 순서로 작동한다.*

다시 말해, 차별화된 브랜드나 아는 브랜드보다 **더 빠르게 고객의 시선을 사로잡으려면 '함께 만든 브랜드'가 되어야 한다는 이야기다.** 나는 이 점이 작은 기업 브랜딩에 특히 중요하다고 강조했는데, 퍼스널 브랜딩에도 똑같이 적용된다. 잘 알려진 예는 〈프로듀스〉 시리즈다. '국민 프로듀서'라는 콘셉트로 시청자에게 '내가 뽑고 키운 아이돌'이라는 감정을 부여했다. 그러면 수많은 아이돌 중에서도 내가 뽑았던, 함께 키웠던 느낌이 드는 아이돌이 가장 먼저 눈에 들어오게 된다.

퍼스널 브랜드를 '함께 만들었다'라는 감정은 다양한 방식으로 형성된다. 그중 가장 보편적으로 쓰이는 방법이 '미러링Mirroring'**이다. 같은 행동을 반복하면 자연스럽게 유대감과 친밀감이 생긴다. 이는 단순한 심리 작용이 아니다. 우리의 뇌는 타인의 감정을 모방하고, 공감하며, 유대감을 형성하도록 진화해 왔다.64 다시 말해, 함께할 수 있는 동일한 행동을 의도적으로 만들어 내야 한다는 뜻이다. 스포츠 스타들은 이 원리를 일찌감치 간파했고, 지금도 적극적으로 활용하고 있다.

예전엔 축구 골 세리머니가 대체로 단조로운 경우가 많았다. 골을 넣으면 뛰어올라 주먹을 휘두르거나 어퍼컷을 하는 식이었다. 물론 1994년 미국 월드컵 당시 브라질의 베베투Bebeto가 아내의 출산을 축하하며 요람을 흔드는 세리머니를 선보였던 것처럼 특별한 세리머니가 없었던 건 아니다. 다만 대체로 많은 선수가 비슷한 방식으로 득점을 자축했다.

지금은 다르다. 요즘 유명 축구 선수들은 저마다 자신을 상징하는 고유한 골 세리머니를 가지고 있다. 이처럼 각 선수들은 독특한 행동을 통

---

* 〈Fame Matters More Than Beauty in Consumer Behavior(Innovation Report, 20080813)〉의 연구 결과에 따르면, 사람들은 굉장히 매력적인 일반인보다 평범한 유명인에게 더욱 뚜렷한 감성적인 반응을 보이는 것으로 나타났다.
** 미러링은 상대방의 행동, 말투, 제스처 등을 자연스럽게 따라함으로써 심리적 친밀감을 높이는 커뮤니케이션 기법이다.

해 팬들과 감정적으로 연결되고, 그 연결은 곧 함께 만든 브랜드로 작용한다.

손흥민은 두 손으로 사진을 찍는 듯한 '카메라 세리머니'로 자신을 알리고 있다. 프랑스의 킬리안 음바페Kylian Mbappé는 양팔을 겨드랑이에 끼우고 무릎을 꿇은 채 슬라이딩하는 세리머니로 팬들의 기억에 각인되었다. 크리스티아누 호날두Cristiano Ronaldo는 점프한 뒤 반 바퀴를 돌고 착지하면서 '호우si'를 외친다. 이때 관중들도 함께 '호우'를 외치며 선수와 하나가 된다. 문선민은 '관제탑 세리머니'로 유명하다. 경기 자체보다 그의 세리머니를 더 기대하는 팬들도 있을 정도다. 이렇게 선수와 팬은 세리머니를 통해 하나의 행동을 공유하며 자연스럽게 연결된다.

K LEAGUE
피파 온라인을
사로잡은
문선민 세리머니

격투기 무대에서도 비슷한 현상이 보인다. 최소한의 규칙 아래 맨몸으로 싸우는 종합격투기 단체 UFC에서는 '파이팅 너드The Fighting Nerds'로 불리는 선수들이 있다. 이들은 경기 후 마치 가운데가 부러져 흰색 테이프를 감은 듯한, 검은 뿔테 안경을 쓰고 인터뷰에 나선다. 학창 시절 '너드nerd'라 불리며 따돌림을 당했던 경험을 공유하고, 지금도 괴롭힘을 당하는 이들을 대신해 싸운다는 메시지를 전한다. 팬들 역시 뿔테 안경을 쓰고 경기장을 찾으며 자연스럽게 선수와 하나가 된다. 격투기 선수답지 않은 이 퍼포먼스로 팬들과 감정적으로 연결되고, 더 많은 사람들에게 기억되고 응원받는 존재가 되어 가고 있다.

퍼스널 브랜딩에서도 핵심은 같다. 단순히 '나'를 외치는 것으로는 부족하다. 함께 행동하고, 함께 의미를 만들어야 한다. 이때 사람들은 나를 '구경하는 대상'이 아니라 '내 사람'으로 느낀다. 팬이든, 고객이든 '함께 만든 기억'이 있을 때 깊이 있는 관계가 만들어진다.

나는 지금까지 써온 모든 책을 단순한 작가의 결과물이 아닌 독자와 함께 찍은 단체사진으로 생각한다. 《마케팅 뷰자데》, 《작은 기업을 위한 브랜딩 법칙 ZERO》, 그리고 지금 당신이 읽고 있는 이 책도 마찬가지다. 원고 초고에 피드백을 준 분들의 이름을 늘 책 말미에 실은 이유도 여기에 있다. 단순한 감사의 표현을 넘어, 이 책은 나 혼자 만든 게 아니라 '우리'가 함께 만든 것이라는 상징이다. **나만 나온 셀카가 아니라 독자와 함께 찍은 단체사진이야말로 퍼스널 브랜드가 오래도록 살아남는 방식이다.**

퍼스널 브랜딩은 결국 관계다. 혼자 외치는 게 아니라, 함께하는 것이다. 이 감정적 연결은 '나'라는 브랜드를 확장하고 오래 살아남게 만드는 가장 단단한 힘이다.

마태효과
성장은 한순간에 폭발한다

 기업을 컨설팅하다 보면 성장은 종종 한순간에 폭발한다. 물론 그 순간은 결코 노력 없이 오지 않는다. 중요한 건 성장은 선형이 아니라 어느 순간 기하급수적으로 치솟는다는 데 있다.

 초반에는 노력만큼 결과가 따라오지 않아 버티기 힘든 경우가 많다. 하지만 그 시간 동안 꾸준히 쌓인 콘텐츠는 단 한 번의 강력한 매체 노출로 폭발적인 성장을 이끌어 내고, 그 순간부터 바로 '마태효과Matthew Effect'가 작동한다.

 '마태효과'는 사회학자 로버트 머튼Robert Merton이 마태복음 25장 29절의 "가진 자는 더 얻고, 없는 자는 더 잃는다"에서 따온 용어다. 즉 초기 성공이나 주목이 다시 기회를 불러오고, 그 기회가 다시 주목을 얻는 선순환 구조를 뜻한다. 작은 관심이 눈덩이처럼 불어나며 누적이익을 만든다. 레오나르도 다빈치Leonardo da Vinci의 〈모나리자〉, 전 세계가 사랑한 밴드 비틀즈The Beatles 역시 마태효과의 대표적인 수혜자다.[65]

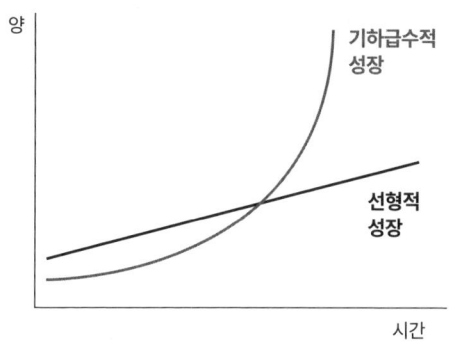

이 이론을 실제 브랜드 사례에 적용하면 더욱 선명해진다. 내가 브랜드 컨설팅을 담당했던 M 브랜드가 대표 사례다. 가성비 좋은 매트리스를 만들었지만, 마케팅 예산이 부족하고 호불호가 크게 갈리는 디자인 때문에 고민이 많았다. 그러다 공중파 한 예능에서 연예인의 집에 놓인 M 브랜드의 독특한 디자인의 매트리스가 노출되면서 브랜드 이름이 자동 확산됐다. 검색량과 판매가 폭발적으로 증가했고, 단 한 번의 노출이 브랜드를 띄웠다.

비슷한 사례로 S 뷰티 브랜드는 소소한 성장을 이어 가다가 연말에 유튜버가 자발적으로 선정한 'Top 10 브랜드'에 이름을 올리며 전환점을 맞이했다. 소비자들은 이를 '광고가 아닌 진짜 추천'으로 받아들였고, 브랜드는 전국적인 인지도를 얻게 되었다. 이후의 매출은 이전과는 비교할 수 없는 수준으로 급상승했다. 한 번의 진정성 있는 노출이 브랜드에 강한 첫 인상을 남겼고, 이 초기 우위가 기회를 부르며 마태효과를 발휘했다.

퍼스널 브랜드 역시 마찬가지다. 대표적인 예로 유현준 교수가 있다. 그는 MIT와 하버드를 졸업했지만, 귀국 후에는 일감이 없어 칼럼을 쓰며 버텼다. 그의 칼럼은 결국 책으로 이어졌고, 이 책이 방송국 PD의 눈에 띄면서 〈알쓸신잡 2〉에 출연하게 되었다.66 이 단 한 번의 방송이 그의 퍼스널 브랜드를 전국적으로 알리는 계기가 되었고, 이후에는 출간하는 책마다 베스트셀러가 되었으며, 결국 JYP 신사옥 설계까지 맡게 되었다. **초기의 작은 기회 하나가 연쇄적으로 더 큰 기회를 불러오면서 그의 이름은 하나의 강력한 브랜드가 되었다.**

나도 이러한 마태효과를 경험했다. 브런치스토리에 올리는 다양한 글 중 마케팅 관련 글이 관심이 높다는 것을 발견했다. 이후에는 마케팅 관련 글을 꾸준히 올리면서 실용서를 다루는 출판사 편집자들에게 노출될 수 있는 환경을 만들고자 했다. 특정 플랫폼의 담당자를 일종의 타깃으로 설정한 셈이다. 그리고 실제로 한 출판사 편집자가 내 글을 보고 연락을 주었고, 《마케팅 뷰자데》라는 책을 출간할 수 있었다. 이 책은 내 전문성을 더 넓은 플랫폼에 각인시켰고, 이후 다양한 전문가 네트워크로의 연결고리가 되었다

내 또 다른 목표였던 라디오 출연도 마찬가지다. 콘텐츠를 지속 노출하며 라디오 출연에 관심을 표현했고, 브랜딩 모임에서 만난 라디오 작가 지인의 소개로 TBN 〈굿모닝 코리아〉 고정 패널이 되었다. 이를 통해 더 많은 사람에게 나를 알릴 수 있게 되었다.

이 과정은 단 한 번의 운이 아니라, '나'라는 사람이 '콘텐츠'라는 수단을 통해 명확한 타깃에게 도달한 결과였다. 고객만을 타깃으로 삼는 것에서 나아가 내가 오르고 싶은 무대의 담당자에게 도달하는 전략이 필요하다. 유튜브, 출판사, 방송국, 라디오, 팟캐스트까지 **그들이 내 콘텐츠를 '보게 만드는 구조'를 만들어야 한다.** 혼자 외치는 것만으로는 폭발이 일어나지 않는다. 결국 누군가에게 닿고, 기억되고, 선택되어야 한다. 그때야 마태효과가 발동한다.

준비된 사람만이 그 기회를 알아차리고 단 한 번의 노출로 기하급수적 성장을 터뜨릴 수 있다. 당신이 준비가 되었다면 이제 필요한 건 당신을 퍼뜨려 줄 '그 한 사람'에게 닿는 것이다.

멘탈 관리 1
10%의 가짜 지인을 대처하는 법

"제가 무슨 부귀영화를 얻겠다고 유튜브를 시작했는지 모르겠어요."

퍼스널 브랜딩 모임에서 유튜브를 활용해 어느 정도 구독자를 늘리고 수익화 기준을 달성한 분이 이런 고민을 털어놨다. 아직 '성공'이라 말하긴 이른 단계였지만, 주변 지인들 중 일부가 본인을 뒷담화한다는 소문이 들려왔다는 것이다. 본인이 유튜브만 시작하지 않았다면 그런 소리를 듣지 않았을 거라며, 괜히 일을 벌인 것 같다고 자책했다.

이런 일은 의외로 흔하다. 퍼스널 브랜딩을 하다 보면, 어느 정도 눈에 띄기 시작한 시점부터 뜬소문과 험담이 뒤따른다. 심지어 믿었던 지인이 그런 말을 했다는 걸 알게 되면 배신감은 배로 느껴진다. 하지만 꼭 기억해야 할 것이 있다. 퍼스널 브랜딩을 했기 때문에 지인들이 변한 게 아니다. 원래 그런 사람들이 당신이 성장하는 순간 가면을 벗고 본모습을 드러낸 것뿐이다. 미국의 사업가이자 베스트셀러 작가인 팀 페리스Tim Ferris는 《타이탄의 도구들》에서 이렇게 말했다.

"어떤 말이나 행동을 해도 항상 기분 나빠하는 사람들이 10%는 존재한다. 그러니 너무 감정적으로 반응하지 말고 수학적 확률처럼 자연스러운 현상이라고 받아들여라."[67]

직장에 다니며 꾸준히 투자 공부를 해 오던 한정수 대표는 코로나 시기 집중적인 주식과 비트코인 투자로 20대에 35억 원을 벌며 경제적 자유를 이뤘다. 그는 잘된 사람이 나락으로 가는 모습을 보며 위안을 삼는 이들이 전체의 10% 정도는 존재한다고 말한다. 자신이 운영하는 유튜브 채널에도 그런 사람들이 약 10%는 있다고 생각한다고 덧붙였다.[68]

우리 주변에는 늘 우리를 부정적으로 바라보는 10%가 있다. 그들이 눈에 보이지 않는다면 가면을 쓰고 있는 것일 뿐이다. 그리고 이 가면을 벗기는 건 우리의 실패가 아니라 우리의 성장에 있다.

나 역시 비슷한 일을 겪었다. 아직 모두에게 '성공했다'고 말할 수 있는 위치는 아니지만, 내 이름으로 책을 내고, 방송에 출연하면서 나에 대한 험담을 하는 지인들이 있다는 것을 알게 되었다. 하지만 10%의 법칙을 알게 된 이후로는 이 상황을 불행이 아니라 다행으로 받아들이게 됐다. 내가 생각하는 성공의 지점에 도달하기 전에 이런 지인들을 미리 파악하고 걸러 낼 수 있는 기회가 되었으니 말이다.

심리학에서는 이런 현상을 '크랩 멘탈리티Crab Mentality'라고 부른다. 크랩 멘탈리티란, 쉽게 말해 '내가 얻지 못하면 너도 얻으면 안 돼!'라는 심리다. 양동이에 담긴 게들은 하나가 탈출하려 하면 나머지가 끌어내리는 행동을 보이는데, 이 모습에서 유래한 개념이다. 인간 사회에서도 누군가가 앞서 나가려 하면 질투, 분노, 열등감으로 발목을 잡으려는 사람들이 생긴다.

퍼스널 브랜딩을 통해 성장할 때, 혹은 그렇게 보이기 시작할 때 우리는 반

드시라고 말해도 좋을 만큼 이 10%를 마주하게 된다. 이때 그들의 험담에 움츠린다면 다시 양동이 안으로 스스로 돌아가는 게와 같다. 빌보드가 선정한 21세기 최고의 아티스트 중 한 명인 핏불Pitbull도 이런 말을 했다.

"사람들의 미움을 받지 않고 있다면 당신은 제대로 하고 있는 게 아니다. 사람들이 당신에 대해 이야기하게 만들어야 한다. 왜냐하면 결국 그들은 당신처럼 되고 싶어 하기 때문이다."

우리가 해야 할 일은 단 하나다. 움츠리지 않고, '드디어 10%를 확인했다'라는 안도감과 '나는 성장하고 있다'라는 자신감을 동시에 갖는 것. 10%의 따가운 시선은 불행이 아니다. 그것은 행운이며, 성장하고 있다는 가장 확실한 증거다.

위축되지 말자. 오히려 이 순간을 즐기면서 더 큰 무대를 향해 자신 있게 나아가자.

멘탈 관리 2
악플에 대처하는 법

많은 연예인이 '악성 댓글', 즉 악플로 인한 극심한 스트레스를 받는다. 이로 인해 때로는 극단적인 선택으로까지 이어지기도 한다. 그런데 매체가 다변화하고, 연예인과 일반인의 구분이 흐릿해진 요즘 악플은 더 이상 연예인만의 문제가 아니다. 크든 작든 우리 모두가 겪는 일이 되어 버렸다.

단문 위주의 글 플랫폼인 스레드에서 이 현상이 특히 두드러졌다. 가입 초기에 글 하나가 적게는 수만 명, 많게는 수십만 명에게 노출되면서 이전까지 악플을 받아 본 적 없던 유저들마저 갑작스러운 관심과 공격에 노출됐다. 결국 계정을 비공개로 돌리거나 삭제하는 경우가 잦아졌다. 많은 이들이 "연예인의 고통을 조금이나마 이해할 수 있을 것 같다"라는 글을 남겼다.

여기서 한 가지를 명확히 할 필요가 있다. '악플'이란 정확히 무엇일까? 김기란, 최기호의 《대중문화 사전》에 따르면, 악플은 "'악惡'과 영어

'reply'가 합쳐진 말로, 고의적인 악의가 드러나는 비방성 댓글"을 의미한다.[69] 여기서 핵심은 '고의적인 악의'다. 문제는 이렇게 명백하게 악의가 드러나는 댓글이 생각보다 많지 않다는 데 있다. 기분이 상하는 댓글이라고 해서 모두 악플은 아니기 때문이다.

나는 기분이 상하는 댓글을 두 가지로 구분해 볼 것을 제안한다. '호르메시스적 댓글'과 '포이즌적 댓글'이다. 호르메시스적 댓글은 쉽게 말해 기분은 상하지만 결과적으로 도움이 되는 댓글이다. 호르메시스Hormesis란, 생물학적으로 적당한 스트레스가 오히려 신체를 강하게 만든다는 현상을 뜻한다.[70] 일정 기간의 단식이나 찬물 샤워가 대표적이다. 호르메시스적 댓글은 이처럼 우리에게 스트레스를 주지만, 본질적으로는 더 나은 방향으로 나아가게 해 준다.

일본의 마케팅 전문가 간다 마사노리도 이와 비슷한 개념을 소개한 바 있다. 그는 고객 불만 전화를 '컴플레인Complain'이 아닌 '럭키콜Lucky Call'이라 부르는 기업가의 사례를 소개했다. 고객이 직접 불편을 알려 주는 건 개선을 위한 기회이자 행운이라는 의미다.[71] 우리도 마찬가지다. 감정은 상할지언정 도움이 되는 호르메시스적 댓글은 '럭키콜'이라 여기고 성장의 자양분으로 삼아야 한다.

반면 포이즌적 댓글은 반드시 피해야 한다. 포이즌Poison은 말 그대로 독이다. 이 독을 대댓글로 상대하려 하는 것은 독을 마시고 면역력을 시험해 보려는 것과 같다. 무모하다. 최악의 경우 스스로 무너지게 된다. 그렇다면 어떻게 피해야 할까? 방법은 세 가지다. 무대응, 숨김, 차단.

1. 무대응

일본의 사상가 우치다 다쓰루는 익명성 아래 이뤄지는 비판에는 철저한 무대응을 고수한다. 그는 이를 '불 끄기'에 비유했다. 악플은 불씨와 같고, 대응은 산소를 공급하는 일이다. 불을 끄고 싶다면 산소를 끊어야 한다. 즉 철저한 무대응이 최선이다.[72]

내가 진행하는 브랜딩/마케팅 모임에 참여하는 유튜버들도 모두 같은 결론에 도달했다. 구독자가 1만 명이든, 10만 명이든, 100만 명이든 상관없이 하나같이 '무대응'을 강조했다. 어떤 유명 유튜버는 아예 댓글 자체를 보지 않는다고도 했다.

2. 숨김

상황에 따라 악플이 또 다른 악플을 불러오는 경우도 있다. 이럴 때 필요한 것은 '숨김 처리'다. 300만 명 이상의 구독자를 보유한 영화 유튜버 지무비는 숨김 처리 기능을 적극 활용할 것을 조언한다. 유튜브에는 특정 **유저의 댓글을 본인에게만 보이게 하고, 다른 사람들에게는 보이지 않게 만드는 숨김 기능이 있다.** 악플러는 본인의 댓글이 공개된 줄 알지만, 사실 아무도 그를 보지 않는다. 고립된 블랙홀에 빠지는 셈이다. 악플러를 자극하지 않으면서도 악순환을 막을 수 있는 최고의 방법이다.[73]

3. 차단

숨김 기능을 쓸 수 없는 플랫폼이거나 악의가 너무 명확한 경우라면 '차단'이 답이다. 나 역시 인스타그램과 스레드에서 1,000명 이상의 구독자를 넘긴 시점부터 본격적으로 악플을 마주하게 됐다. 처음에는 좋게 풀어 보려 했지만, 결국 깨달았다. 차단이 가장 현명하다는 것을.

많은 사람들이 차단에 죄책감을 느낀다. 이를 위해 나는 하나의 기준을 만들었다. '차단=배려'라는 기준이다. 악플을 다는 이유는, 내 콘텐츠가 의도치 않게 그 사람 안의 민감한 부분을 건드렸기 때문이다. 그 사람을 위해서라도, 그리고 나 자신을 위해서라도 앞으로 내 콘텐츠를 보여주지 않는 것이 일종의 배려다. 그래서 나는 차단할 때 '차단했다'가 아니라, '그 사람을 배려해 드렸다'라고 생각한다.

악플에 대처하는 일 역시 성장의 일부다. 감정에 휘둘리지 않고, 거리두기와 자기 보호를 통해 더 단단한 자신을 만들어 가야 한다. **무대응, 숨김, 차단까지. 세 가지 대응 전략을 상황에 따라 유연하게 활용하는 것이야말로 건강한 퍼스널 브랜딩의 핵심이다.**

멘탈 관리 3
정체 구간을 견디는 법

퍼스널 브랜딩은 단순한 기다림이 아니라 고된 '버티기'의 과정이다. 나의 노력이 바로바로 성과로 이어지지 않기 때문이다. '내가 지금 시간 낭비를 하고 있는 건 아닐까?', '제대로 된 길을 걷고 있는 게 맞을까?' 이런 의심과 함께 거대한 벽이 내 앞을 가로막은 것 같은 답답함을 주기적으로 만나게 된다.

어느 정도 성과를 거둔 이후에도 마찬가지다. 갑자기 성장이 멈추고, 내가 쏟아 부은 모든 노력이 허무하게 느껴지는 순간이 온다. 이럴 때는 초반보다 더 큰 불안감이 몰려온다. 이미 '성공의 달콤한 맛'을 보았기 때문이다.

우리는 기억해야 한다. 성장은 차분히 올라가는 선형 곡선이 아니다. 오랜 평지를 걷는 것처럼 느껴지지만 성장 곡선은 어느 순간 높은 계단처럼 수직으로 치솟는다. 이는 이미 수많은 크리에이터들의 여정을 통해 확인된 사실이다.

크리에이터 후원 플랫폼 패트리온Patreon의 공동 창업자 잭 콘티Jack Conte가 뮤지션 페르소나로 운영한 유튜브 채널 'PomplamooseMusic'도 초창기 7년 동안 조회수가 바닥을 기었다. 하지만 지금은 200만 이상의 구독자가 지켜보는 채널이 되었다. 그를 인터뷰한 유튜브 채널 '콜린 앤드 사미르Colin and Samir' 역시 마찬가지였다. 5년 동안 영상 하나당 500~2,500 조회수를 오가며 성공의 기미조차 보이지 않았다. 하지만 지금은 150만 명 이상의 구독자를 가진 채널로 성장했다.

이 둘의 공통점은 하나였다. 바로 '지속성'이다. 콘텐츠를 꾸준히 쌓으면서 자연스럽게 자신만의 포맷이 만들어졌고, 이 포맷은 유튜브, 틱톡, 인스타그램 등 다양한 플랫폼으로 확장됐다. 결국 각 플랫폼은 하나의 '쇼'처럼 자리 잡았고, 그 포맷은 사람들에게 그들을 떠올리게 하는 고유한 '브랜드 이미지'가 되었다.

나 역시 비슷한 경험을 했다. 초창기 스레드에 글을 올려도 좀처럼 팔로워가 늘지 않았다. 다른 인플루언서들은 빠르게 치고 나가는데, 나는 그저 제자리걸음을 치는 듯했다. 매일 20개 넘는 글을 올려도 팔로워가 단 한 명도 늘지 않는 날이 수두룩했다. 그러던 어느 날, 하나의 글이 터지면서 일주일 만에 1,000명의 팔로워가 늘었다. 기쁨도 잠시, 다시 정체가 찾아왔다. 들뜬 마음은 이내 불안한 마음으로 바뀌었지만, 자체 점검의 시간으로 삼았다. 다시 글을 쌓아 올렸고, 다시 수직 성장을 경험하면서 팔로워 약 1만 명에 도달할 수 있었다.

계단식 성장을 믿는다 해도 정체기를 견디는 건 여전히 지치는 일이다. 이럴 때는 내가 하고 있는 일들을 한 번 정리하고 분류해 볼 필요가 있다. 정체를 느끼는 순간이야말로 자신을 돌아볼 수 있는 중요한 타이밍이다. 이때 도움이 되는 것이 바로 댄 설리번Dan Sullivan이 제안한 ABC 모

델이다. 매일 반복하는 일을 A, B, C 세 가지로 나누어 보는 것이다.[74]

- A: 짜증 나서 하고 싶지 않은 일
- B: 억지로는 할 수 있지만 기꺼이 하고 싶진 않은 일
- C: 고유 능력을 살려 보람과 열정을 느끼며 가슴 뛰게 하는 일

A는 과감히 덜어 내고, B는 위임하거나 자동화한다. 그리고 C에 시간을 몰아준다. 90일마다 A, B, C의 비율을 점검하고 조정한다. 우리가 '평지'라 느끼는 정체 구간에서 이 작업은 특히 강력한 힘을 발휘한다.

결국 계단을 버티는 힘은 여기에 있다. 눈앞에 놓인 막다른 벽이 사실은 믿기 어려운 상승을 위한 계단이었음을 아는 것. 이걸 알고 나면 기나긴 정체 구간은 더 이상 지루한 기다림이 아닌 수직 상승을 앞둔 '숨 고르기'가 된다.

계단 앞의 정체 구간을 버티자. 그리고 다음 계단을 오르자.

정답보다 더 오래 가는 건 스스로 찾은 '답'입니다. 여러분만의 속도로 이 질문들에 천천히 답해 보세요.

ⓠ 혼자 빨리 가는 대신 함께 멀리 가고 있는가?
지능과 힘에서 열세였던 호모사피엔스가 살아남은 이유는 협력이다. 협업의 핵심은 기술이나 능력이 아니라 사람들의 가슴을 뛰게 만드는 큰 꿈이다. 나의 꿈이 주변 사람들을 설레게 하고 있는지 점검하자.

ⓠ 적절한 블러핑을 활용하고 있는가?
퍼스널 브랜딩에서는 현재의 실력만이 아니라 가능성까지 인지시키는 것이 중요하다. 과하면 신뢰를 잃고, 부족하면 주목받지 못한다. 나만의 기준을 정해 적절한 수준의 블러핑을 하고 있는지 점검하자.

ⓠ 인플루언서 네트워크에 참여하고 있는가?
혼자서 모든 것을 다 하던 시대는 지났다. 이미 영향력 있는 사람들이 연결되어 있는 네트워크에 참여하면 더 빠르고 더 넓게 성장할 수 있다. 그들과의 관계를 만들어 나가는 적극적인 노력을 하고 있는가?

ⓠ 자발적 바이럴을 계획하고 있는가?
재구매에서 더 나아가 고객이 스스로 나를 알리게 만드는 것이 최고의 마케팅이다. 이를 위해 '기대 이상의 만족'과 고객이 쉽게 전달할 수 있는 '명료한 언어'를 제공하고 있는지 점검하자.

ⓠ 광고 실험을 하고 있는가?
광고는 '널리 알리기 위한 수단'일 뿐 아니라, 타깃을 찾고 메시지가 진짜 효과 있는지 빠르게 검증하는 '실험 도구'다. 하루 1만 원 정도의 소액으로도 '내 메시지는 누군가의 클릭을 유도하는가'를 확인할 수 있다.

ⓠ 단체사진 효과를 만들고 있는가?

고객은 자신이 함께 만든 브랜드에 가장 강력히 반응한다. 고객과 함께 행동하고 경험을 공유하면서 '함께 만든 브랜드'라는 느낌을 주고 있는가?

ⓠ 강력한 매체를 레버리지로 활용하고 있는가?

성장은 선형적이지 않다. 한 번의 강력한 매체 노출이 폭발적 성장의 계기가 된다. 내가 원하는 매체의 담당자를 타깃으로 콘텐츠를 기획하고, 기회를 만들고 있는가?

ⓠ 성장할 때 나타나는 10%의 가짜 지인에 흔들리지 않고 있는가?

성장 과정에서 나타나는 비난과 험담은 당연히 겪게 되는 현상이다. 10%의 법칙을 기억하면서 오히려 내가 제대로 성장하고 있다는 증거로 받아들이고 있는가?

ⓠ 악플을 현명하게 관리하고 있는가?

모든 부정적 댓글이 해로운 것은 아니다. 호르메시스적 댓글과 포이즌적 댓글을 구분하고, 필요한 경우 무대응, 숨김, 차단 전략을 명확히 세워 감정 소모를 줄이고 있는가?

ⓠ 계단식 성장을 믿고, 평지에서 잘 버티고 있는가?

성장은 평지가 길게 이어지다가 수직적으로 상승하는 형태다. 지치고 의심될 때도 ABC 모델을 활용해 내가 진짜 잘할 수 있고 열정이 느껴지는 일에 집중하면서 다음 계단을 준비해 보자.

EARN

"입구에서 돈을 받지 마라.
돈이 될 타이밍을 뒤로 미뤄 가능성을 늘려라!"

니시노 아키히로

CHAPTER 5
퍼스널 브랜드로 '수익화'

이제 돈을 벌 차례

'퍼스널 브랜딩으로 돈을 벌 생각이 없다면, 이 챕터는 굳이 읽지 않아도 되겠다'라고 생각할 수도 있다. 하지만 그렇지 않다. 돈을 번다는 건 단순한 경제적 이득을 넘어 '일하는 태도' 전체를 바꿔 놓는 관점의 전환이기 때문이다.

2016년부터 본격적으로 독서모임장으로 활동했다. 당시엔 '독서모임장으로 돈을 벌 수 있다'는 개념조차 없던 시절이었다. 그래서 돈을 받지 않고 모임을 이끌었다. 사람들에게 감사 인사를 받으며 나도 부담 없이 즐길 수 있었다. 언제든 그만두어도 아쉬운 것은 내가 아니라 다른 사람들이었기에 독서모임은 나에게 늘 즐겁고 설레는 일이었다. 본업에서 받은 스트레스를 해소하고, 가끔 자존감이 떨어질 때 독서모임을 통해 다시 자존감이 올라가는 경험을 하기도 했다.

그러던 어느 날, 처음으로 돈을 받고 모임을 진행하게 되었다. 그전까지 느끼지 못했던 부담감과 책임감이 물밀듯이 밀려왔다. 전날에는 쉽게 잠들지 못했고, 모임 당일에도 멤버들이 차례로 들어오는 모습을 보며 어깨가 무거워졌다. 나의 모임에 돈을 내고 오다니……. 감사함과 동시에 처음 느끼는 낯선 두려움이 밀려왔다.

여기서 알게 된 것이 있다. 많은 사람이 퍼스널 브랜딩을 하면서도 막상 돈을 벌려 하면 스스로 제약을 건다. "나는 돈을 밝히는 사람이 되고 싶지 않아.", "돈을 받으면 좋아하는 일을 싫어하게 될까 봐." 하지만 문제는 돈이 아니다. 돈을 벌 준비가 안 된 마음이 문제다. **좋아하는 일을 오래 하려면 돈이 필요하다. 이 단순한 진실을 받아들여야 진짜 좋아하는 일을 지킬 수 있다.**

돈을 받는 순간 모든 것이 바뀐다. 무형의 재능이든, 독서모임이든, 강의든, 글이든 돈을 받는 순간 나는 냉정한 평가의 대상이 된다. 유형의 상품이든 서비스든 결국 모든 플랫폼은 '고객 만족'을 목표로 움직이기 때문이다. 직장인은 1년에 한두 번 평가를 받지만, 수익화 단계에 들어간 개인은 매번 실시간으로 날것의 평가를 받는다. 연예인들이 카메라마사지를 받으며 더 멋있어지듯 퍼스널 브랜드로 수익화를 달성한 개인은 고객 평가라는 꽤나 거친 마사지를 받으며 성장하게 된다.

수익화를 시작하면 사람들의 날카로운 말도 듣게 된다. "결국 돈 벌려고 하는 거였어?", "뜨더니 변했네." 이런 말에 휘둘릴 필요는 없다. 이런 말은 항상 소수의 목소리다. 큰소리를 내는 소수의 의견이 침묵하는 다수의 생각을 대변하지 않는다. 단순히 수익화를 했다고 멀어질 사람이라면 애초에 당신의 활동에 큰 가치를 두지 않았던 사람들이다. 당신의 진짜 팬은 그런 이유로 등을 돌리지 않는다.

다만 수익화가 시작된다면 반드시 지켜야 할 한 가지가 있다. **"어떤 돈을 벌 것인가?"라는 나만의 기준이다.** 아무리 매력적인 제안이라도, 나의 정체성과

어긋난다면 단호하게 거절할 수 있어야 한다. 단기 수익을 위해 정체성을 버리면 퍼스널 브랜딩의 본질이 무너진다. 돈을 버는 것도 중요하지만, 어떤 돈을 버느냐가 퍼스널 브랜딩의 진짜 무게를 결정한다.

나 역시 이 과정을 거쳤다. 빠르게 돈을 벌 수 있는 기회도 있었지만, 나의 기준에 맞지 않으면 과감히 거절했다. 반대로, 수익은 크지 않아도 나의 정체성과 맞고, 장기적으로 의미 있다고 판단되면 기꺼이 선택했다. 남들이 보기엔 느릴 수 있지만, 나만의 기준으로 시행착오를 겪으며 조금씩 단단한 수익화 구조를 만들어 가고 있다.

돈을 버는 것은 퍼스널 브랜딩의 완성이 아니다. 오히려 진정한 시작이라 볼 수 있다. 돈을 받는 순간 스스로에게 물어보자.

"나는 이 일을 진심으로 좋아하는가?"

"나는 어떤 가치를 지키며 이 길을 가고 있는가?"

이 질문에 답할 수 있을 때 퍼스널 브랜드는 단단해지고 오래간다.

수익화, 아인슈타인처럼 실험해 보자

과학계의 슈퍼스타 알베르트 아인슈타인은 늘 실험을 즐겼다. 다만 그 실험은 실험실이 아닌 그의 머릿속에서 이루어졌다. "내가 빛과 같은 속도로 달린다면 어떤 일이 벌어질까?"와 같은 사고를 해 보는 것이다. 바로 '사고실험Gedankenexperiment'이다. 사고실험은 실제로 실험을 하지 않아도, 가상의 상황을 설정해 그 안에서 논리적으로 문제를 분석하고 결론을 도출하는 방법이다. 단순한 상상이 아니라 철저한 논리와 직관을 바탕으로 한 추론이다.

아인슈타인은 이러한 방식으로 1905년 한 해 동안 네 편의 혁신적인 논문을 발표했고, 이는 물리학 역사상 전환점이 된 '기적의 해Annus Mirabilis'로 기록되었다. 물리학의 패러다임을 바꾼 그 기초에는 치밀한 사고실험이 있었다.

'갑자기 웬 과학 이야기지?'라고 생각할 수도 있다. 하지만 아인슈타인이 머릿속 실험만으로 세상을 바꿨듯 우리 역시 사고실험을 통해 수익화

가능성을 탐색해 볼 수 있다. 지금부터 제안할 두 가지 사고실험은 단순하지만 현실을 통찰하기엔 충분하다. 물론 아인슈타인의 사고실험처럼 정밀하진 않지만 말이다.

첫 번째 사고실험은 '만약 내가 전 국민이 지켜보는 TV 프로그램에 출연한다면?'이다.

예를 들어, 〈유 퀴즈 온 더 블록〉처럼 일반인이 출연해 큰 관심을 받는 방송에 내가 출연했다고 가정해 보자. 사람들은 당신의 이야기에 감동하거나 호기심을 느껴 당신을 검색할 것이다. 하루아침에 당신의 이름을 검색하는 양이 폭증한다. 그때 이렇게 물어야 한다. "네이버에서 당신의 이름을 검색한 사람들이 당신을 통해 구매할 수 있는 상품이나 서비스가 있는가?" "당신의 이름, 관심사, 전문성, 존재 자체가 어떤 '소비 가능한 가치'로 연결되어 있는가?"

내가 직간접적으로 아는 사람 중에 〈유 퀴즈 온 더 블록〉에 출연한 사람이 세 명 있다. 한 명은 오프라인 가게를 운영하는 대표, 또 한 명은 콘텐츠 크리에이터, 마지막은 직장인이다. 팔 것이 명확했던 가게 대표와 크리에이터는 방송 출연 이후 수익이 크게 증가한 것으로 보였다. 내가 즐겨 찾던 가게는 방송 이후 손님들의 행렬로 오랜 시간 대기를 해야만 했다. 크리에이터는 재고 부담 없이 수익화가 가능해 훨씬 유리해 보였다. 반면 직장인은 별다른 추가 수익으로 연결되지 못한 것으로 보였다. 방송 이후 그에 대한 관심은 있었지만, 개인적으로 '팔 것'이 없었던 것이다.

이 사고실험에서 중요한 질문은 이것이다. **'지금 당신은 무엇을 팔 수 있는가?'** 혹은 **'아직 팔 것이 없더라도, 기회가 왔을 때 수익으로 연결시킬 수 있는 구조를 준비해 본 적이 있는가?'** 없다면, 아무리 큰 기회가 와도 그냥 지나가 버릴 것이다.

두 번째 사고실험은 '국내 최고의 제조공장이 당신에게 제품 판매를 의뢰한다면?'이다.

예를 들어, 국내 최대 화장품 OEM 회사가 당신에게 신제품 판매를 제안하고, 판매 성과에 따라 수수료 30%를 제공한다고 하자. 단 초기 3개월의 판매 성과를 보고 계약 연장 여부가 결정된다. 이 상황에서 당신은 자신 있게 계약서에 서명할 수 있는가? 판매를 시작하기 위해 무엇부터 해야 할지, 어떤 채널을 활용해야 할지, 누구에게 어떤 메시지로 접근해야 할지 등이 머릿속에 그림이 그려지는가? 그렇지 않다면 아직 '팔 수 있는 능력'이 부족한 것이다.

이 두 가지 사고실험은 본질적으로 '팔 것'과 '팔 수 있는 능력'이라는 두 축에 대한 점검으로, 수익화를 위한 가장 기본적인 조건이다. 팔 것이 있고, 거기에 운이 따라 준다면 수익은 자연스럽게 따라온다. 예기치 못한 기회, 즉 갑작스러운 유명세나 환경 변화가 찾아왔을 때 준비된 사람만이 그 기회를 수익으로 바꿀 수 있다. 반대로, 팔 것이 없으면 아무리 운이 와도 그저 바라볼 수밖에 없다.

흥미로운 점은, '팔 수 있는 능력'만 있어도 판을 바꿀 수 있다는 것이다. 내가 무언가를 직접 만들지 않아도 만든 사람과 협업할 수 있기 때문이다. 실제로 미국에서는 뛰어난 제품을 가지고 있지만 유통 능력이 없는 회사를 인수해 '판매력'으로만 사업을 키우는 전략도 흔하다.

팔 것과 팔 수 있는 능력 이 두 가지가 지금 나에게 있는지 점검하는 것만으로도 수익화의 출발선은 훨씬 앞서게 된다.

이 둘 모두 자신이 없다면 아직 수익화 준비가 되지 않은 것이다. 퍼스널 브랜딩을 잘하더라도 잠시의 유명세로 그칠 가능성이 높다. '팔 것'과 '팔 수 있는 능력'을 고민하며 수익화에 대해 조금 더 자세히 알아보자.

ⓒ 사고실험 워크시트

	질문	나의 답변
사고실험 1 "내가 전 국민 앞에 소개된다면, 무엇을 보여 줄 수 있을까?"	**1. 검색 결과의 첫 인상** 방송 이후, 사람들이 당신을 검색했을 때 가장 먼저 접하게 될 정보는 무엇인가? (예: 인스타그램, 유튜브, 블로그, 뉴스 기사 등)	
	2. 소비 가능한 가치 사람들이 당신을 통해 구매하거나 행동할 수 있는 '가치'는 무엇인가? (예: 전자책, 강의, 클래스, 상담, 제품, 서비스 등)	
사고실험 2 "국내 최고의 브랜드가 나에게 제품 판매를 의뢰한다면?"	**3. 당신에게 협업을 제안하는 브랜드** 국내 최고의 브랜드가 당신에게 제품이나 콘텐츠를 의뢰한다면, 어떤 분야일까?	
	4. 판매 전략 '누구'에게 '어떤 메시지'로 '어떻게' 판매할 것인가?	

↳ '나의 답변' 칸에 내 생각을 써 보자.

가격표가 없다면 끌려다닌다

　수익화를 시작할 때 큰 걸림돌 중 하나는 '가격 책정'이다. 특히 강의나 컨설팅처럼 원가를 측정하기 힘든 무형의 서비스를 판매할 때 얼마를 받아야 할지 고민이 깊어진다. 이렇게 고민만 하다 보면 고객이 원하는 대로 끌려다니게 된다. 심지어 "그냥 말로 하는 건데, 공짜로 해 주면 안 돼?" 같은 요구도 받는다.

　내가 가격을 정하지 않으면 고객이 정한 최저가를 받거나 심하면 무료로 일하게 된다. 당연히 수익화와는 거리가 멀어진다. 그래서 수익화를 시작할 때는 '가격표'를 만드는 게 무엇보다 우선이다.

　가격표를 만드는 것은 그리 어렵지 않다. 내가 제공하는 상품과 서비스, 그리고 그에 대한 가격을 정리해 두면 된다. 기업에 판매할 경우 견적서나 거래명세서 제출이 필요하기 때문에, 미리 가격을 책정해 두는 게 여러모로 유리하다.

　상품이든 서비스든 내가 제공할 수 있는 모든 것을 꺼내 보고 가격을 매겨 보자. 그다음 하나씩 항목을 줄여 가면서 좀 더 합리적인 가격대의 상품과 서비스를 구성하면 된다. 핵심은 '풀 패키지Full Package'의 가격을 먼저 정하고, 그걸 기준으로 다양한 가격대의 상품과 서비스를 설계하는 것이다.

이 구조는 러셀 브런슨Russell Brunson이 제시한 '가치 사다리Value Ladder' 개념과 일맥상통한다. 브런슨은 어떤 세일즈 퍼널을 만들기에 앞서, '가치 사다리'를 먼저 설계하라고 강조한다. 가로축은 '가격', 세로축은 '제공하는 가치'를 나타내며, 고객은 이 사다리를 따라 점점 더 높은 가치를 경험하고 더 높은 가격을 지불하게 된다.

이 그래프의 오른쪽 상단에는 가장 비싼 상품이 있다. 예를 들어, 치과라면 '미용 성형'처럼 고부가가치 서비스를 의미한다. 여기에 도달하기까지 고객은 저렴한 진입 제품(스케일링)으로 시작해 점진적으로 신뢰를 쌓아 간다. 대부분의 고객은 처음 보는 상품에 큰돈을 쓰기 어렵기 때문에, 쉽게 구매할 수 있는 입문용 제품이 반드시 필요하다.

또한 브런슨은 '가치 사다리'가 완성되려면 지속적인 과금 구조가 포함되어야 한다고 말한다. 이는 뉴스레터 구독, 멤버십, 정기 코칭 등 매달 과금 가능한 프로그램으로 구성할 수 있다. 이러한 구조는 단발성 판매에 그치지 않고, 꾸준한 수익을 만들어 낸다.[76]

예를 들어, 스피치 강사라면 '스피치 기본기 전자책'을 진입 상품으로 9,900원에 판매할 수 있다. 이 전자책에 만족한 고객에게는 온라인 그룹 컨설팅을 9만 9,000원에, 더 깊이 있는 도움을 원하는 고객에게는 1:1 오프라인 컨설팅을 39만 9,000원에 제공할 수 있다. 심지어 특정 기업에 합격할 때까지 도와주는 '합격 보장 컨설팅'을 99만 원에 구성할 수도 있다. 그리고 매달 1만 원을 내면 최신 서류·면접 트렌드를 받아 볼 수 있는 멤버십 서비스도 구성할 수 있다. 이처럼 가격은 고객의 구매 여정을 따라

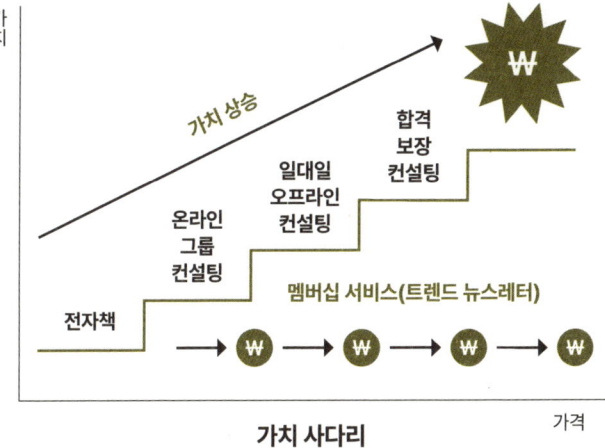

가치 사다리

가며 설계되어야 한다.

그렇다면 가격은 어떤 기준으로 정해야 할까? 교과서적으로 정리하면 아래 다섯 가지 방법이 있다.[77]

원가 기반 가격 설정 Cost-plus pricing	원가에 마진을 더해 가격을 설정하는 방법
경쟁 기반 가격 설정 Competitive pricing	경쟁사의 가격을 고려하여 가격을 설정하는 방법
스키밍 가격 설정 Price skimming	출시 초기에 높은 가격을 설정하여 수익을 극대화하는 가격 설정 방법
침투 가격 설정 Penetration pricing	출시 초기에 낮은 가격을 설정하여 시장 점유율을 극대화하는 가격 설정 방법
가치 기반 가격 설정 Value-based pricing	고객이 지각하는 가치를 기준으로 가격을 설정하는 방법

이 중 어떤 방식을 선택할지는 내가 제공하는 상품과 서비스의 특성과 고객층에 따라 달라진다. 다만 한 가지 구체적인 조언을 하자면, '경쟁자보다 비싸게 받고, 더 나은 가치를 제공하라'는 것이다.

많은 사람들은 처음에 경쟁자보다 싼 가격으로 승부를 보려 한다. '비슷한데 내가 더 싸니까 나를 선택하겠지!'라는 기대 때문이다. 하지만 여기에는 크게 세 가지 문제가 있다.

첫째, 싼 게 비지떡이라는 인식이다. 사람들은 잘 모르는 브랜드의 상품일수록 가격으로 품질을 판단하려는 경향이 있다. 경쟁자보다 싼 가격은 오히려 '이거 뭔가 문제 있나?'라는 의심을 불러올 수 있다. 양말 브랜드를 운영하는 대표와 이야기를 나눈 적이 있다. 그 분은 판매가 부진한 상품을 50% 할인하려다 실수로 50% 인상했는데, 오히려 매출이 증가했다고 한다. 높은 가격이 오히려 더 높은 가치로 인식된 것이다.

둘째, 낮은 가격은 자본이 많은 기업이나 개인의 특권이다. 같은 제품이라면 누가 더 싸게 팔 수 있을까? 당연히 자금력이 있는 기업이다. 삼성전자는 반도체 시장에서 필요할 땐 적자를 감수하고 가격을 낮춰 경쟁사를 시장에서 밀어냈다.* 자본이 있는 기업이나 개인은 생산 수량이 많기 때문에 상품의 단가 자체가 낮고, 길게 적자를 감당할 여유도 있다. 당연히 이미 시장에서 수익을 내고 있는 경쟁자와 가격으로 맞붙는 건 무모한 일이다.

셋째, 낮은 가격은 곧 낮은 마진으로 이어지고, 이는 광고비를 집행할

---

* 2008년 삼성전자는 낮은 원가 구조와 풍부한 자금력을 무기로 메모리 반도체 시장에서 치킨 게임(Chicken Game: 자동차 두 대가 서로를 향해 달려와 먼저 방향을 틀면 겁쟁이(치킨)로 간주되는 게임에서 비롯된 용어)을 벌였다. 상대가 먼저 포기할 때까지 가격을 낮추는 극단적인 경쟁 전략을 펼친 결과, 도시바, 엘피다 메모리 등 주요 경쟁사들이 잇따라 업계에서 밀려났다.

여력을 줄인다. 하지만 매출 1위 브랜드가 되는 가장 단순한 방법은 광고비를 1위로 쓰는 것이다. 광고는 신규 고객을 유입시키는 핵심 채널이며, 이는 곧 재구매, 후기, 추천으로 이어지는 선순환을 만든다.

가격 인상을 망설이던 한 브랜드가 있었다. 대표와 직원 모두 '가격을 올리면 판매량이 줄지 않을까?' 하고 걱정했지만, 제품의 품질은 가격 인상을 충분히 뒷받침할 만했다. 아니 높은 원가를 고려했을 때는 가격을 인상해야만 했다. 결국 나의 제안으로 가격을 올렸고, 3개월간 판매 수량은 그대로 유지된 반면 매출은 유의미하게 증가했다. 대표는 "가격을 올린 덕분에 광고비 부담이 훨씬 줄었다"라고 말했다. 이처럼 마진이 확보되어야 광고를 과감히 집행할 수 있고, 그래야 성장을 위한 선순환 구조가 만들어진다. 반대로 마진이 부족하면 광고비조차 쓰지 못해 신규 고객 유입이 막히고, 성장은 멀어진다.

수익화의 첫걸음은 '가격표'다. 그 가격은 단순히 싸기만 해서는 안 된다. 고객이 높은 가격을 지불하더라도 기꺼이 경험하고 싶어지는 차별화된 가치를 담아야 한다. 가격을 높이는 만큼 제공하는 가치에 대한 고민도 함께 높아져야 한다. 이 균형 위에서 수익화는 비로소 출발한다.

돈이 되는 톡설팅
수익화 매트릭스

　수익화는 어렵다. 아니, 어렵게 느껴진다. 각자 다른 방식으로 수익화에 성공한 사람들이 저마다의 '정답'을 이야기하다 보니, 수익화는 마치 물리학 공식처럼 복잡해 보이기 쉽다. 처음 시작하는 사람이라면 어디서부터 손을 대야 할지 막막하다. 하지만 우리는 단 하나의 오류도 허용하지 않는 과학을 연구하려는 게 아니다. 조금이라도 더 성공 확률이 높은 방법을 찾고자 할 뿐이다. 이럴 때 복잡한 현상을 단순하게 바라보는 힘, 이른바 환원주의Reductionism가 필요하다.

　환원주의는 '복잡한 전체를 이해하기 위해 단순한 부분부터 알아보자'는 관점이다. 어떤 대상을 분석할 때 그것을 작은 단위로 나눠 보고, 각각의 기능과 역할을 이해하면 전체 구조를 더 잘 파악할 수 있다는 접근법이다. 물론 지금처럼 모든 것이 연결된 시대에 단일 요소만 보는 건 한계가 있다. 하지만 20세기의 수많은 과학적 성과가 환원주의 덕분에 가능했다는 점은 자명한 사실이다.[78]

수익화도 마찬가지다. 단순하게 두 단계로 나눠 보자.

1. 사람을 모은다.
2. 모인 사람에게 판매한다.

무척 단순하게 느껴질 수 있는 이 단순한 구조를 깊이 있게 이해하는 게 무엇보다 중요하다. '사람을 모은다'는 건 우리가 지금까지 NAME의 N(나를 찾는 항해), A(나의 팬에 정조준), M(나의 메시지를 확장)에서 다루어 온 일련의 활동이다. 이 과정을 착실히 밟아 왔다면 사람은 자연스럽게 모이게 된다.

하지만 이 흐름에서 자주 놓치는 지점이 있다. 바로 사람을 모으는 데만 집중하면 2번, 즉 '판매'로 연결되지 않는다는 점이다.

예를 들어보자. 인스타그램에서 자극적인 콘텐츠로 주목을 끄는 인플루언서들은 팔로워를 빠르게 모은다. 예컨대 "하루 만에 살 빼는 법"이나 "놀면서 돈 버는 법"처럼 비현실적인 메시지를 활용해 사람들의 관심을 끈다. 그런데 한 번 생각해 보자. 이렇게 모은 팔로워들에게 상품을 쉽게 판매할 수 있을까? 아니다. 팔로워가 많다고 해도, 이들은 인플루언서에 대한 '신뢰'보다는 '자극'에 반응한 사람들이다. 결국 나의 콘텐츠를 소비하더라도 나의 권유로 무언가를 구매하진 않는다는 뜻이다.

2번(판매)을 성공시키려면 '나'를 신뢰하면서, 내가 파는 것에 관심이 있는 사람을 모아야 한다. 이걸 한눈에 보기 좋게 정리한 것이 바로 '톡설팅 수익화 매트릭스'다. 다음은 보스턴컨설팅그룹의 BCG 매트릭스를 참고해 구성한 자료다.

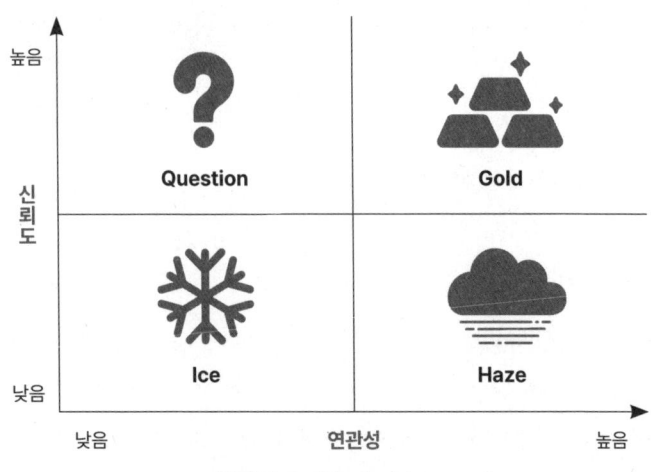

톡설팅 수익화 매트릭스 ⓒ톡설팅

(A) Gold | 신뢰도 높음 × 연관성 높음
→ 가장 이상적인 구역

사람들이 나를 신뢰하고, 내가 파는 상품이나 서비스도 그들의 관심사와 정확히 맞아떨어져 별다른 설명이나 설득 없이도 구매로 이어진다. 금을 보면 욕심나는 것처럼 이 구역의 상품은 '당연히 사야 하는 것'으로 인식된다.

(B) Question | 신뢰도 높음 × 연관성 낮음
→ "왜 이걸 파는 거지?"라는 의문이 드는 구역

사람들은 나를 좋아하고 신뢰하지만 파는 것과의 연결고리가 약하다. 충성 고객이 호의로 구매해 줄 수는 있지만 재구매로 이어지기 어렵다. 이 구역에서는 '내 팬이 나에게 기대하는 것'이 무엇인지 정밀하게 다시 설정할 필요가 있다.

(C) Haze | 신뢰도 낮음 × 연관성 높음

→ 상품은 괜찮아 보여도 '이 사람을 믿어도 될지 잘 모르겠다'라는 생각이 드는 구역

상품은 매력적이지만 나에 대한 신뢰가 부족해 구매를 망설인다. 결국 가격이나 조건 경쟁으로 흘러가기 쉽다. '왜 나에게서 사야 하는가?'라는 명확한 이유를 만들어 주는 것이 핵심이다.

(D) Ice | 신뢰도 낮음 × 연관성 낮음

→ 아무도 관심도 없고, 믿음도 없는 구역

아무리 좋은 말을 해도, 어떤 행동을 해도 반응이 없다. 얼음처럼 차디 찬 반응만 있을 뿐이다. 나를 신뢰할 수 있는 사람을 모으는 것부터 처음부터 다시 시작해야 한다.

우리가 '나다움 → 단 한 명의 고객 → 메시지 확장'의 단계를 먼저 다룬 이유도 바로 여기에 있다. 판매를 고려한 사람을 모으고, 모인 사람을 고려한 판매를 하는 것은 떼려야 뗄 수 없는 일이기 때문이다. 구독자가 아무리 많아도 이 흐름이 무너지면 수익화는 어려워진다. 반대로, 팔로워가 많지 않아도 이 흐름이 유기적으로 연결되면 수익화는 자연스럽게 이루어진다.

유튜브 채널 '토요일의 도쿄'는 이 흐름을 이상적으로 구현한 사례다. 도쿄의 숨은 맛집, 특히 가볍게 술 한잔할 수 있는 곳들을 소개하는 이 채널은 구독자 수가 10만 명이 채 되지 않는다. 그런데도 댓글에는 정보 요청이 줄을 잇는다. 이들은 단순히 콘텐츠를 소비하는 '구독자'가 아니라 크리에이터를 신뢰하는 '팬'이다.

그런 '토요일의 도쿄'가 맥주잔을 만들었다. 결과는? 출시 즉시 완판이었다. 별다른 광고도 없었다. 배송비가 상품 가격만큼이나 나오는 호주에서까지 구매할 정도였다. 나 역시 구매하려 했지만, 이미 늦었다. 게다가 《이렇게 즐거운 도쿄라니》라는 책도 출간과 동시에 교보문고 여행 부문 베스트셀러 1위를 기록했다. 이유는 간단하다. 이 모든 제품은 신뢰도와 연관성이 모두 높은 GOLD 구역에 있었기 때문이다.

만약 이 채널이 굿즈로 후드티나 립스틱을 만들었다면 어땠을까? 일부 팬은 구매했겠지만, 맥주잔이나 여행책처럼 '사야만 하는 이유'는 만들지 못했을 것이다. 립스틱 같은 상품은 아이덴티티와의 연관성이 너무 떨어지기 때문에 "이걸 왜 파는 거지?"라는 'Question' 영역에 속하게 된다.

핵심은 이것이다. 사람들이 나를 신뢰하고(신뢰도), 내가 파는 것과의 연결고리가 탄탄할수록(연관성) 수익화는 쉬워진다. 모든 걸 팔 수 있는 사람은 극소수다. 나의 연상 이미지와 자연스럽게 연결되는 상품과 서비스를 찾아야 한다.

물론 '의외성' 전략이 없는 건 아니다. 나와 어울리지 않는 제품이 오히려 주목받을 수도 있다. 하지만 그건 하나의 '이벤트'일 뿐 반복되지 않는다. 기대하지 않는 게 낫다.

결국 답은 명확하다. 신뢰도와 상품성이 높은 'GOLD 구역'으로 가는 것. 그 안에 자연스럽고 반복 가능한 수익화가 있다.

실전 수익화,
이들은 이렇게 벌었다

스스로 '평일에는 브랜드 컨설턴트, 주말에는 독서모임장'이라 소개한 지 어느덧 5년이 넘었다. 돌이켜 보면 앞서 'Chapter 3'에서 언급했듯, 브랜딩에서는 하나의 키워드를 중심으로 자신을 소개하는 것이 더 효과적이다. 그런 점에서 이 소개 방식이 최선은 아니었지만, 꾸준히 같은 내용으로 스스로를 소개한 덕분에 그래도 두 키워드를 기억하는 분들이 하나둘 쌓였다. 브랜드 컨설턴트로서는 다양한 매체에 기고하고, 당신이 읽고 있는 이 책처럼 전문성을 드러내는 책을 출간하기도 했다. 독서모임장으로는 트레바리를 비롯한 다양한 플랫폼에서 모임을 운영하고, 라디오에 독서모임장으로 고정 출연하며 책을 소개하는 활동도 이어 가는 중이다.

내가 말하는 바와 행하는 바가 일치하다 보니, 해당 분야에 신뢰가 쌓였고 어느새 다양한 플랫폼에서 나를 팔로우하는 사람들이 2만 명을 넘어섰다. 내가 운영하는 카카오톡, 네이버 카페 등 비공개 커뮤니티에서도 수백 명이 함께하고 있다. 수익화는 이 과정에서 따로 만들어 낸 게 아니라 신뢰의 흐름 속에서 자연스럽게 이어진 결과였다. SNS와 책을 보고 강의 요청이 오고, 강의를 들은 이들 중 몇몇은 기업 컨설팅을 요청했다. 그렇게 B2B(Business to Business)(기업 대 기업 간 거래) 수익 구조까지 자연스럽게 생겼다.

다만 이 구조를 단순하게 가져가진 않았다. 단순히 나의 시간을 주고 돈을 받는 일회성 매출을 내는 데 그치지 않도록 했다. 고객의 성장이 곧 나의 성장이 되도록 수익 구조 자체에 성장 연동 요소를 포함시켰다. 고정 컨설팅비에 더해 성과 기반 수익, 또는 회사 지분을 일부 받는 식으로 비즈니스 모델을 설계했다. 퍼스널 브랜드는 결국 '나'라는 사람에게 의존할 수밖에 없기 때문에 **시간이 아닌 '구조'로 수익을 만드는 게 핵심이라고 봤다.**

개인을 대상으로 한 B2C(Business to Consumer)(기업 대 소비자 간 거래) 모델도 함께 만들고 있다. 브랜딩이나 마케팅 소규모 모임을 운영하고, 온오프라인 강의를 하면서 나를 직접 경험한 사람들이 다시 강의나 퍼스널 브랜딩 컨설팅을 요청하는 구조다.

독서모임장 활동도 마찬가지다. 처음에는 트레바리 같은 플랫폼을 통해 활동하는게 전부였지만, 시간이 지나며 팟캐스트 〈책잡힌 사이〉라는 콘텐츠도 만들었고, 다양한 회사나 단체에서 '독서모임 형식의 강의'를 요청받기도 했다. 일방향적인 강의에 지친 조직들이 '대화 중심'의 교육 방식에 흥미를 느낀 것이다. 이 역시 예상하지 못했던 수익화 기회였다.

정리하면 이렇다. 퍼스널 브랜드로 사람이 모이면 언젠가 반드시 "이런 것도 해 주시나요?"라는 요청이 들어온다. 그 요청이 반복되면 구조가 되고, 구조는 곧 수익이 된다. 핵심은 무엇을 수익화할 수 있는지 미리 염두에 두고 사람을 모으는 것이다. 그리고 **가능하다면 B2B와 B2C를 함께 구**

성하는게 좋다. 이 둘이 시너지를 낼 때 수익화는 더욱 안정적이고 지속 가능해진다.

이 구조는 나만의 경험이 아니다. 1인 창업가의 현실과 생존 노하우를 다룬 조쉬(김승권)의 《나는 솔로프리너다》에 소개된 사례들을 봐도 비슷한 방식으로 수익화에 성공한 이들이 많다.[79]

예컨대 노션 전문가인 '노션다움'은 업무 효율화를 위한 개인 기록에서 시작했다. 그의 노션 페이지를 본 동료의 요청으로 강의가 이루어졌고, 강의가 커뮤니티로, 커뮤니티가 다시 기업 솔루션 구축으로 이어지면서 지금은 B2B 중심의 수익 구조를 갖추고 있다. 초기에는 온라인 강의와 템플릿 판매로 B2C 기반을 다졌지만, 지금은 중간관리자나 임원이 개인적으로 수강한 뒤 기업 차원의 의뢰로 이어지는 일이 많아졌다. 콘텐츠가 신뢰를 만들고, 그 신뢰가 강의나 컨설팅 등 B2B 비즈니스로 자연스럽게 이어지게 되었다.

또 다른 예로, '공여사들'이라는 이름으로 활동하는 유튜버는 엑셀이나 노션 템플릿 판매로 억대 매출을 기록했다. 처음엔 유튜브 수익에 의존하려 했지만, 그 한계를 빨리 깨닫고 자신만의 온라인 스토어를 만들어 전자책, 강의, 템플릿을 팔기 시작했다. 팬들의 요청을 듣고 실사용자 중심의 UX$_{user\ experience}$(사용자 경험)를 반영한 생산성 툴을 개발한 덕분에 광고 없이도 유료 전환이 잘 이루어졌다. 강의보다는 템플릿에 집중한 이유는, 얼굴 없는 유튜버로서 시간과 에너지를 효율적으로 관리하려는 전략 때문이었다.

비즈니스 전략가 '재무선배' 역시 다양한 수익 모델을 운영하고 있다. 기업 재무 자문, 기업/개인 대상 강의, 온라인 콘텐츠 등 세 가지 축을 통해 지속 가능한 구조를 만들었다. 특히 브런치스토리, 링크드인, 스레드처럼 각기 다른 플랫폼에서 서로 다른 고객층을 타깃으로 콘텐츠를 운영하며, 고객이 스스로 찾아오게 만드는 구조를 잘 설계해 두었다.

이들의 공통점은 명확하다. "사람이 먼저 모이고, 돈은 그 다음에 따라온다." 그 사람들과 어떻게 연결되고, 어떤 방식으로 신뢰를 수익으로 바꾸는지가 결국 수익화의 핵심이다.

이름/브랜드	수익화 시작점	B2C 방식	B2B 방식	수익화 전략적 특징
김용석	SNS와 책을 통한 신뢰 형성	소규모 모임, 강의	기업 컨설팅 (성과 기반 수익 및 지분 셰어)	관계에서 시작해 구조로 확장
노션다움	노션 기록 공유	온라인 강의, 템플릿	기업 솔루션 구축	개인 커뮤니티에서 B2B 전환
공여사들	유튜브 콘텐츠	전자책, 템플릿	없음 (주로 B2C)	얼굴 없이도 가능한 자동화 수익
재무선배	재무 콘텐츠	온라인 클래스	기업 자문, 강의	고객별 플랫폼 전략, 다각화

결국 퍼스널 브랜딩이란 단순히 '나를 알리는 것'이 아니라, 나를 기반으로 한 '비즈니스 구조'를 설계하는 일이다. 브랜드를 만들었으면 이제 수익도 만들어야 한다. 그것이 곧 '지속 가능성'이다.

[톡설팅 수익화 매트릭스 1]
모으기

'모으기'의 핵심은 이미 우리가 알아본 NAME의 흐름 안에 자연스럽게 담겨 있다. 나를 찾는 항해를 마치고 Navigate, 나의 팬을 정확히 조준한 뒤 Aim, 메시지를 지속적으로 확장해 왔다면 Megaphone 사람은 자연스레 모이게 되어 있다. 이제부터는 이 과정을 수익화 관점 Earn 에서 좀 더 뾰족하게 들여다보자.

콘텐츠 마켓 핏을 찾아라

수익화 관점에서 사람을 모은다는 건 '나', '고객', '플랫폼' 이 세 주체의 교차점을 찾아 콘텐츠를 설계하는 것이다. 이 세 주체의 교차점, 즉 콘텐츠가 진짜 가치를 발휘하는 지점을 '콘텐츠 마켓 핏 Content Market Fit'이라고 부른다.

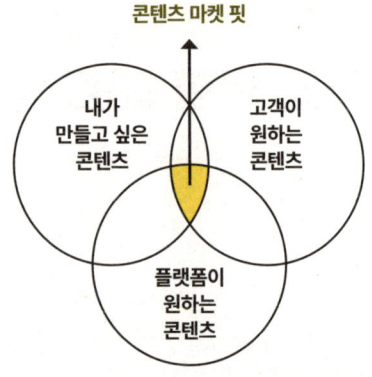

유튜브 채널 'Colin and Samir'에서 언급한 개념의 이미지.
Robert Katai 계정을 보고 독자들에게 맞춰 해석해 봤다.

이 개념은 실리콘밸리의 전설적인 투자자 마크 앤드리슨Marc Andreessen 이 말한 '프로덕트 마켓 핏Product Market Fit'에서 비롯됐다. 그가 강조한 건 명확하다. "수요가 있고, 지불의사가 있는 고객이 있는 시장에 그들의 문제를 해결해 줄 제품을 출시하면 성공한다." 뻔해 보이지만, 정작 많은 사람들이 사업을 시작하면 이 당연한 원칙을 잊는다.

제품이나 콘텐츠를 생산자 시선에서만 만들다 보면, 소비자에게 불필요한 기능에 집착하기 쉽고, 정작 고객이 원하는 것은 놓치기 마련이다. 또 수요는 있어도 지불 여력이 부족한 시장에 진입해 수익화를 실패하는 사례도 많다. 한 스타트업 대표는 '멘토를 원하는 20대'와 '멘토를 연결하는' 플랫폼을 만들었지만, 20대의 낮은 구매력 때문에 결국 서비스를 접어야 했다. 멘티 수요는 분명했지만, 지불 능력이 충분치 않아 플랫폼이 지속되지 못했던 것이다. 이처럼 **제품과 시장을 모두 고려한 교차점을 찾아내는 것, 즉 시장과의 적합성을 확보하는 것이 바로 '프로덕트 마켓 핏'의 핵심**이다.

고객 vs. 플랫폼, 무엇이 다른가

콘텐츠 마켓 핏은 이보다 더 까다롭다. 두 개가 아닌 세 개의 원, 즉 '나', '고객', '플랫폼'이 동시에 맞물려야 하기 때문이다. 지금까지 '항해(N)', '정조준(A)', '확장(M)'을 통해 각각을 정밀하게 들여다본 것도 이 때문이다.

그중 고객 축에서 가장 중요한 질문은 단 하나다. "무엇을 만들 것인가?" 이를 결정하려면, 사람들이 진짜 원하는 콘텐츠가 무엇인지 정확히 알아야 한다. 고객이 원하는 콘텐츠는 크게 두 가지로 나뉜다. 바로 유익함(정보성)과 재미(오락성)이다. 먼저 유익함은 아래 네 가지로 세분화할 수 있다.

첫째, '기존 정보의 명료화'다. 이미 아는 내용을 더 쉽게, 더 명확하게 정리해 주는 콘텐츠다.

둘째, '질문에 대한 해답'이다. 평소 궁금했던 질문에 직관적이고 실용적인 답을 제공하는 콘텐츠다.

셋째, '무의식의 언어화'다. 막연히 느껴왔던 생각이나 감정을 말로 정리해 주는 콘텐츠다.

넷째, '완전한 인식 전환'이다. 기존의 생각을 뒤집고 새로운 시각을 열어 주는 콘텐츠를 말한다.

반면 재미는 훨씬 더 주관적인 영역이다. 누군가는 웃음에서, 누군가는 공포, 슬픔, 놀라움 같은 감정에서 재미를 느낀다. 유익함이 '머리'에 닿는다면, 재미는 '가슴'에 닿는다. 결국 재미란 단순한 웃음을 넘어서 감정의 동요를 일으키는 콘텐츠다. 사람은 감정이 움직일 때 콘텐츠에 머무르게 된다.

고객의 니즈는 두 가지 관점에서 파악할 수 있다. 첫째는 '나무를 보는 방법'이다. 'Chapter 3'에서 다룬 것처럼 단 한 명의 타깃의 하루를 구체적으로 상상하며 그 사람이 느끼는 불편과 욕구를 파악하는 방식이다. 둘째는 '숲을 보는 방법'이다. 이는 검색 데이터를 활용해 다수의 관심사를 포착하는 방식이다. 네이버 자동완성, 유튜브 인기 키워드, 구글 트렌드 등은 사람들이 무엇을 궁금해하는지 명확하게 보여 준다. 이 두 관점을 함께 활용할 때 우리는 개별 고객의 감정과 대중의 흐름을 동시에 읽어 낼 수 있다.

이제 '플랫폼'의 관점도 살펴보자. 핵심은 간단하다. 플랫폼이 원하는 건 많은 방문자와 긴 체류 시간이다. 고객이 원하는 콘텐츠가 풍부하면 유입은 늘어나지만, 그 지점에서 플랫폼과 고객의 목적은 미묘하게 갈라진다. 겉보기엔 비슷해 보여도 실제로는 서로 다른 방향을 향하고 있기 때문이다.

예를 들어, 유튜브에서 제품을 소개하고, 링크로 네이버 스마트스토어로 유도하는 콘텐츠는 고객에게 유익할 수 있다. 하지만 유튜브 입장에서는 플랫폼 밖으로 사용자를 이동시키는 것이기 때문에 이를 선호하지 않는다.

또 다른 차이점은 속도에 대한 접근 방식이다. 고객은 짧고 빠르게 핵심 정보를 얻고 싶어 하지만, 플랫폼은 오래 머무르는 콘텐츠를 원한다. 예컨대 고객은 10초면 핵심을 파악하기 원하지만, 플랫폼은 1분 이상의 체류를 유도하는 콘텐츠에 더 가치를 둔다.

가장 대표적인 사례는 네이버 블로그다. 독자는 핵심 정보를 빠르게 얻고 싶지만, 실제 블로그 글은 본문을 뒤로 미루고 맨 마지막에 핵심 내용을 제시하는 경우가 많다. 이는 네이버가 체류 시간이 긴 콘텐츠를 우선 노출하기 때문이다.

결국 고객이 선호하는 콘텐츠와 플랫폼이 선호하는 콘텐츠는 반드시 일치하지 않는다. 이 차이를 인식하지 못한 채 콘텐츠를 만들면 아무리 고객에게 유익한 콘텐츠라도 플랫폼에서 노출되지 않을 수 있다. **고객과 플랫폼이라는 두 축 모두를 고려한 전략이 필요한 이유가 바로 여기에 있다.**

나의 채널로 모으기

이 세 원의 교집합을 잘 찾아냈다면, 판매하려는 상품과 결이 맞는 사람들이 자연스럽게 여러분의 채널에 모였을 것이다. 이제 그들을 '내가 주도권을 쥐고 있는 커뮤니티'로 초대해야 한다. 대표적인 예가 카카오톡 단체 채팅방, 네이버 카페, 이메일 리스트 등이다.

많은 사람이 흔히 착각하는 게 있다. 인스타그램 팔로워 수만 명, 유튜브 구독자 수십만 명이 곧 '내 고객'이라는 착각이다. 하지만 아니다. 그들은 나의 팔로워처럼 보이지만, 실제로는 '플랫폼의 고객'이다. 알고리즘이 바뀌거나 계정이 정지되는 순간 그들과의 연결고리는 한순간에 끊긴다. 실제로 많은 크리에이터가 이런 이유로 큰 타격을 입는다. 콘텐츠는 그대로인데 도달률(전체 구독자 중 내 콘텐츠를 본 사람의 비율)이 뚝 떨어지고, 수익은 반토막 나는 경우도 비일비재하다.

크리에이터 후원 플랫폼 패트리온의 공동 창업자 잭 콘티는 이 현상을 두고 "팔로워 시대의 종말 The Death of the Follower"이라고 표현했다. 더 이상 팔로워나 구독자 수가 콘텐츠 소비자 수를 의미하지 않기 때문이다 ('Chapter 3. 구독자 수는 더 이상 의미가 없다?' 참조). 100만 유튜버 영상의 조회수가 1만도 안 되는 경우는 이제 전혀 이상하지 않다. 모든 것은 플랫폼의 정책이나 알고리즘 변화에 좌우되기 마련이다.

판매 관점에서 이 차이는 더욱 뚜렷해진다. 나는 SNS 채널을 테스트용으로 활용하고 있다. 브랜드 컨설팅을 하며 다양한 기업에 어떤 콘텐츠가 실질적으로 유효한지 조언하기 위해 내 채널에서 직접 다양한 실험을 한다. 꾸준히 콘텐츠를 올리다 보니 채널마다 적게는 1,000명에서 많게는 1만 명까지 팔로워가 생겼다. 그런데 실제 유료 상품 구매는 대부분 100명 남짓한 비공개 단체 카카오톡방에서 이루어진다.

이 경험이 말해 주는 건 명확하다. 중요한 건 '팔로워 수'가 아니라 '주도권'이다. 그 **주도권은** 내 손 안에 있는 채널과 그 안에 있는 '진짜 고객'에게서 나온다. '관계의 수'보다 중요한 건 '관계의 질'이며, 이는 플랫폼이 아니라 **내가 통제할 수 있는 공간 안에서 만들어진다.**

사람을 나의 채널로 모으는 법

사람들을 어떻게 내가 주도권을 쥔 채널로 모을 수 있을까? 가장 효과적인 방법은 단연 '무료FREE'다. '무료'라는 단어만큼 무료하지 않은 단어도 없다. 언제나 사람들의 시선을 끈다. 동시에 이 단어만큼 강력한 마케팅 도구도 드물다.

예를 들어, 사람들이 관심 가질 만한 콘텐츠의 요약본 PDF를 무료로 제공하며 이메일 주소를 수집할 수 있다. 또는 상품 출시 전 구글 폼으로 사전 관심 조사를 진행하고, 응답자에게 혜택을 약속하는 방식도 있다. 무료로 오프라인 강의나 온라인 웨비나를 열고, 추가 질문에 대한 답변을 카카오톡이나 네이버 카페에서 이어 가는 것도 좋은 방법이다.

여기서 중요한 포인트는 단순히 '공짜'라는 점이 아니라, 원래는 유료여도 이상하지 않을 만큼의 가치를 '무료'로 제공해야 한다는 점이다. 많은 이들이 '무료' 타이틀로 사람을 모은 뒤 대부분 시간을 유료 제품 광고에만 할애해 신뢰를 잃는다. 정말 효과적인 '무료'란, 사람들이 '이 정도면 돈을 내도 아깝지 않겠다'라고 느낄 정도의 콘텐츠나 경험을 무상으로 제공하는 것이다.

그룹 브랜드 컨설팅에 웹사이트 제작업을 하는 한 대표가 참여했다. 예전 커피챗에서 "회사 소개서나 홈페이지에 모든 강점을 나열하기보다는 핵심 하나만 뾰족하게 보여 주는 게 효과적이다"라는 조언을 드린 적이 있었다. 이후 실제로 대기업 프로젝트를 수주했다는 기쁜 소식을 들을 수 있었다.

하지만 새로운 고민이 생겼다. 단발성 수주에 그치지 않고, 지속적으로 기업 담당자들과 접점을 만들고 계약으로 연결되게 하려면 어떻게 해야 할까? 기존에는 '광고 클릭 → 계약' 구조로 운영했지만, 계약 전환율은 높지 않았다. 이에 내가 제안한 구조는 '광고 클릭 → 무료 웨비나 → 신뢰 형성 → 계약'이었다. 웨비나에서는 웹사이트 제작 실무자들이 자주 겪는 예산 산정, 제작 과정에서의 문제, 완성 후 발생하는 이슈 등 구체적인 내용을 다룰 것을 제안했다.

핵심은 이렇다. 계약은 결국 신뢰의 싸움이다. 바로 팔기보다 먼저 신뢰를 쌓는 구조가 장기적으로 더 유리하다. 특히 고가의 제품이나 서비스를 판매할 때는 더욱 그렇다. 이쯤 되면 한 가지 질문이 생긴다. 무료와 유료의 차이는 어떻게 구분할 수 있을까? 다양한 방식이 있겠지만, 크게 세 가지로 나눌 수 있다.

- **품질의 차별화**: 무료로는 노하우 요약본, 핵심 팁 정도를 주고, 유료에선 실제 사례, 문제 해결 과정, 도구 사용법까지 포함한 '실행 가능한 전체 그림'을 보여 주는 방식이다. 예를 들어, 무료 PDF엔 'SNS에서 팔리는 구조'를 정리하고, 유료 클래스에서는 단계별 실전 피드백과 계정 진단까지 해 주는 식이다.
- **편의성의 차이**: 무료 콘텐츠는 블로그나 SNS에 길게 스크롤해야 읽을 수 있는 방식이라면, 유료는 보기 좋게 정리된 PDF, 동영상 강의, 요약 슬라이드 등 '소비하기 쉬운 형태'로 제공한다. 무료 버전에는 광고를 넣고, 유료 버전에는 광고를 제거하는 방식도 대표적이다.
- **개인화**: 무료 콘텐츠는 불특정 다수를 대상으로 하다 보니 누구에게도 완벽히 최적화되기 어렵다. 반면 유료는 개개인의 니즈에 맞춰 개인화가 가능하다. 마치 박람회에서 나눠 주는 무료 볼펜에는 브랜드 로고가, 유료 펜에는 고객 이름이 각인되는 것처럼 무료는 보편성을, 유료는 개인화를 담아야 한다. 모두가 읽을 수 있는 퍼스널 브랜딩 글은 무료, 개인의 상황에 맞춘 브랜딩 전략 컨설팅은 유료로 구분해서 제공할 수 있다.

무료만큼이나 강력한 방법은 '협업'이다. 실제로 많은 인플루언서가 타인의 채널이나 커뮤니티를 통해 급성장했다. 다른 사람의 유튜브 채널에 출연하거나, 대형 커뮤니티와 제휴하여 가치를 제공하는 방식은 빠르게 인지도를 쌓는 데 효과적이다.

이때 중요한 건 협업 대상의 니즈를 정확히 파악하고 채워 주는 것이다. 콘텐츠가 부족한 유튜브 채널에는 사람들이 관심 가질 만한 신선한 콘텐츠를, 활력이 필요한 네이버 카페에는 커뮤니티 멤버들이 참여하고 싶은 이벤트나 정보를 제공해야 한다. 그렇게 쌓은 인지도를 바탕으로 이들을 나의 채널로 유입시킬 수 있다.

이 원리는 SNS에도 그대로 적용된다. 인스타그램, 스레드, 틱톡, 유튜브 등 여러분이 **콘텐츠를 통해 고객과 만나는 모든 접점에 '내가 주도권을 가진 채널'로 연결되는 링크나 정보를 꾸준히 노출해야 한다.** 이 과정을 차곡차곡 쌓아 가면 다음 단계인 '팔기'는 생각보다 훨씬 수월해진다.

여기서 한 가지 주의할 점이 있다. 사람을 모으는 데 성공했다고 해서 곧바로 팔기를 시작하는 것이 능사는 아니라는 점이다. 오히려 이 시점에서 가장 중요한 것은 신뢰의 밀도를 높이는 일이다. 일본의 개그맨이자 사업가인 니시노 아키히로는 《혁명의 팡파르》에서 다음과 같이 말했다.

"입구에서 돈을 받지 마라. 돈이 될 타이밍을 뒤로 미뤄 신용을 쌓아라."[82]

퍼스널 브랜드가 충분히 단단해지기 전에 섣불리 수익화에 나서면 기대 이하의 결과는 물론 신뢰 상실로 이어질 수 있다. 내가 만난 크리에이터들은 공통적으로 말한다. 콘텐츠 제작 이후 최소 3~4년이 지나서야 비로소 제대로 된 수익을 경험했다고. 그전까지의 시간은 단순한 준비가 아니라 신뢰와 연관성을 공들여 쌓는 투자 시간이다.

이 시기를 견디지 못하고 사라진 사람은 많다. 하지만 끝까지 버틴 사람만이 결국 기억되고, 그들이 쌓아 온 신뢰는 자연스럽게 수익으로 이어진다. 조급해지더라도 잠시 멈추고 기다릴 필요가 있다. 그 시간 동안 축적된 신뢰가 결국 수익의 크기를 결정한다.

톡설팅 수익화 매트릭스 ②
팔기

 지금까지 나는 다양한 모임에 참여해 왔다. 대학생 시절 참여한 영어 스피킹 모임은 물론 직장인이 되어 들어간 여러 취미 동아리까지 회사가 운영하는 경우를 제외하면 대부분의 모임은 '사명감 있는 리더'에 의해 자발적으로 운영되었다. 운영비는 최소한만 받고 거의 무보수로 진행되는 경우가 많았다. 그러다 보니 모임장이 본업으로 바빠지면 자연스럽게 모임은 해체되는 수순을 밟았다.

 그럴 때마다 나는 물었다. "왜 모임을 수익화하지 않으세요?" 그때마다 돌아온 대답은 비슷했다. "제가 팔 수 있는 게 없어요."

 나는 생각이 달랐다. 팔 수 있는 건 차고 넘쳐 보였다. 다만 '무엇을', '누구에게', '어떻게' 팔지 구체화하지 않았을 뿐이다. 사업은 제품이 아니라 고객에서 시작된다는 사실을 기억해야 한다. **타깃 고객을 명확히 정의하고, 그들의 삶 속 니즈를 찾아내는 것이 수익화의 첫걸음이다.** '내가 직접 다 만들어야 한다'라는 생각을 내려놓고, 고객의 문제에서부터 제품을 도출하면 수익화의 기회는 무궁무진하다.

내가 만들지 않아도 팔 수 있다

가장 간단한 방법은 커뮤니티 내 사람들에게 설문조사를 해 보는 것이다. 그들이 이 커뮤니티에서 바라는 점, 지금 겪고 있는 문제는 무엇인지 물어보자. 그리고 그 니즈를 충족시킬 수 있는 외부 업체나 전문가와 연결해 주고 수수료를 받을 수 있다. 혹은 커뮤니티 구성원을 타깃으로 하는 기업에게 광고를 받을 수도 있다. 중요한 건, '팔 것'을 꼭 내가 직접 만들어야 할 필요는 없다는 사실이다.

비슷한 사례가 하나 더 있다. 항공승무원을 대상으로 스피치 강의를 하는 대표의 퍼스널 브랜딩 컨설팅을 진행하고 있었다. 이 대표가 운영하는 아카데미는 합격률이 높아, 지망생뿐 아니라 이미 합격한 승무원들도 모여 있는 단체 채팅방이 있다고 했다. 그런데 그 채팅방엔 가끔 공지만 올릴 뿐 별다른 활용은 없었다.

그래서 제안했다. "이 안에서 원하는 사람들만 뷰티 제품 협찬을 받아서 인스타그램이나 블로그에 바이럴을 해 보는 건 어때요?", "유료 수강생에게만 제공하는 자료를, 수강하지 않은 사람에게 유료로 판매해 보는 건 생각 안 해 보셨어요?" 이어서 여러가지 수익화 아이디어를 제안드렸다. 대표는 몇 가지를 바로 실행하고 효과를 봤다는 소식을 전해 왔다.

이처럼 '모은 사람'을 대상으로 수익화를 고민할 땐 두 가지를 살펴보면 좋다.

1. 내가 제공하는 서비스나 제품에 대해 사람들이 추가로 원하는 건 무엇인가?
2. 내가 직접 제공할 순 없지만, 그들이 원하는 것은 무엇인가?

첫 번째는 내가 직접 만들면 되고, 두 번째는 외부와 협업하면 된다. 이를 수익화 관점에서 나눠 보면 이렇다.

- 로우행잉프루트Low-Hanging Fruit: 나무 아래에 달려서 바로 따 먹을 수 있는 열매다. 내가 지금 당장 제공할 수 있고, 수익화 가능한 것이다.
- 미드행잉프루트Mid-Hanging Fruit: 나무 중간에 달려서 사다리를 이용해 따 먹을 수 있는 열매다. 내가 직접 만들 수는 없지만, 사람들이 원하고 외부 파트너를 통해 쉽게 연결할 수 있다.
- 하이행잉프루트High-Hanging Fruit: 나무 높은 곳에 달려 있어서 잘 보이진 않지만 찾아만 낸다면 따 먹을 수 있는 열매다. 사람들이 말은 안 하지만 잠재적으로 원하는 것으로, 협력과 기획을 통해 제공할 수 있다.

마지막 '하이행잉프루트'는 바로 와닿지 않을 수도 있어서 하나의 예를 들어볼까 한다.

사람들이 말하지 않지만 원하는 것 하이행잉프루트

화려한 조명과 강렬한 음악으로 가득한 클럽에서 사람들은 모두 술을 원할 것 같지만 실제로는 '물'을 마시고 싶은 사람도 많다. 단 분위기나 시선 때문에 물을 주문하지 못하고 도수가 낮은 맥주를 마시는 경우가 많다. 그래서 클럽에서 물을 팔면 돈이 된다는 사실을 대부분 알아채지 못했다.

이 '숨겨진 니즈'를 읽은 리퀴드 데스Liquid Death라는 브랜드가 있다. 이들은 그냥 '물'을 판다. 그런데 매출이 2023년에만 한화로 약 3,600억 원(2억 6,300만 달러)을 기록했다. 비법은 무엇이었을까? 바로 디자인에 있었다. 해골이 그려진 헤비메탈 스타일의 알루미늄 캔에 담아 판매함으로써, 클럽 같은 공간에서 생수병을 꺼내기 어색한 사람들에게 당당히 들 수 있는 '물'을 제공해 잠재적 니즈를 충족시켜 준 것이다.[83] 사람들이 말하지 않아도 원하는 것이야말로 진짜 팔아야 할 것이다.

기대감은 곧 매출이 된다

다음으로 알아볼 것은 실제로 '파는' 과정이다. 정확히는 '신제품을 파는 법'이다. 퍼스널 브랜딩을 하는 사람들은 대개 자신이 아는 것을 콘텐츠로 만들고, 이를 통해 신뢰를 얻은 뒤 수익화를 고민하게 된다. 하지만 많은 경우 콘텐츠만 만들고 끝나거나, 단순한 팔로워 수 증가에 집중한 나머지 정작 '판매 구조'를 갖추지 못하는 경우가 많다. 이럴 때 활용할 수 있는 전략이 바로 제프 워커Jeff Walker의 PLFProduct Launch Formula다. 수많은 미국 기업의 신제품 출시를 성공시킨 이 전략은, 제품의 출시 자체를 '이벤트화'하면서 기대감을 극대화해 매출을 끌어올리는 방식이다.[84][85]

이 전략은 돈이 많은 대기업만이 아니라 소규모 브랜드, 나아가 1인 브랜드도 충분히 활용할 수 있다. 실제로 원래 양약만 다루던 시골의 작은 약국이 '한방 조제약'을 준비하면서, 오늘날 우리가 PLF라 부르는 방식과 흡사한 전략을 실행한 사례가 있다. 약사가 자리를 비울 때마다 직원이 "약사님은 한방 공부하러 갔어요"라는 말로 궁금증을 심고, 은은한 약재 냄새로 힌트를 주었으며, 마지막에는 약탕기를 통해 시각적 요소와 향으로 기대감을 증폭시켰다. 이렇게 3개월 동안 기대감을 서서히 쌓아 올린 결과, 개시 첫날부터 주문이 몰려들었다. 이는 PLF라는 개념이 정립되기 전이었지만, 본능적으로 같은 원리를 적용한 셈이다.[86]

PLF는 쉽게 말해 영화 개봉과 같다. 영화는 개봉하기 훨씬 전부터 홍보가 시작된다. 전 세계적으로 화제가 된 넷플릭스 시리즈 〈오징어게임〉처럼 출시 몇 달 전부터 짧은 예고편, 본편 예고편 등을 순차적으로 공개하며 사람들의 기대를 키운다. 이를 통해 개봉일 자체를 하나의 축제로 만든다.

PLF로 신뢰에서 구매로 이끌기

이 방식은 퍼스널 브랜딩을 기반으로 지식 콘텐츠를 판매하려는 사람에게 매우 유효하다. PLF는 제품을 만들기 전에 먼저 시장을 만들고, 잠재고객과의 관계를 만들어 간다. 콘텐츠를 중심으로 시장과 소통하며 기대감을 쌓고, 구매를 자연스럽게 유도한다.

첫 단계는 프리-프리런칭Pre-prelaunch이다. 이 단계에서는 아직 팔려는 의도를 드러내지 않고 사람들의 호기심을 자극하는 것이 핵심이다. 예를 들어, 인스타그램이나 브런치스토리에 '콘텐츠 주제에 대한 질문'을 올리거나, '지금 만들고 있는 콘텐츠에 대한 피드백 요청'을 하면서 참여를 유도할 수 있다. "곧 공개될 퍼스널 브랜딩 가이드의 목차를 작성 중인데, 여러분이라면 어떤 게 가장 궁금하세요?" 같은 질문도 좋다. 이를 통해 시장의 반응을 확인하고, 동시에 사람들의 마음속에 기대감을 심어 줄 수 있다. 나의 경우에도 책을 출간하기 전에는 '제목'을 정하는 것부터 '표지'를 정하는 것까지 내가 가진 SNS를 통해 최대한 의견을 묻고 반영하는 편이다.

이후에는 프리런칭Prelaunch 단계로 넘어간다. 이 단계에서 핵심이 되는 건 세 개의 콘텐츠다. 첫 번째 콘텐츠에서는 당신이 제안하는 '변화의 기회'를 보여 준다. 당신이 가진 지식이 어떤 식으로 사람들의 삶을 바꿀 수 있는지 구체적인 사례나 이야기로 전달하는 것이다. 두 번째 콘텐츠에서는 그 변화를 만드는 방법을 소개하고, 실제로 어떤 변화가 가능한지 상세히 설명한다. 세 번째 콘텐츠에서는 그 변화를 직접 경험한 사람들의 사례나 제품을 통해 얻을 수 있는 결과를 보여 준다. 이 모든 과정을 통해 사람들은 단순한 정보 전달이 아닌 스토리를 경험하게 된다.

프리런칭이 끝나면 이제 본격적으로 판매를 여는 오픈카트Open Cart 단계다. 이 시점에서 중요한 건 "이제부터 구매할 수 있다"라는 메시지를 명확하게 전달하는 것이다. 단 이 판매는 일정 기간 동안만 열린다는 점도 함께 알려 줘야 한다. 제한된 기간, 한정된 인원, 특별한 보너스 등은 구매를 주저하는 사람들의 결정을 빠르게 만드는 데 도움을 준다. 할인이 가능하다면 기간 한정 할인, 할인율이 정해진 종이책은 저자와의 대화와 같은 혜택을 제공하면 좋다. 첫날과 마지막 날에 가장 많은 매출이 발생하므로, 이메일이나 콘텐츠 배포에 있어 집중도를 높여야 한다.

마지막 단계는 포스트런칭Postlaunch이다. 이 단계에서는 제품을 구매한 사람과 구매하지 않은 사람 모두와의 관계를 관리하는 것이 중요하다. 구매 고객에게는 기대 이상의 혜택(비공개 Q&A 세션)을 제공하고 감사를 표하며, 아직 구매하지 않은 사람에게는 지속적인 콘텐츠와 후속 정보를 제공해 신뢰를 유지한다.

PLF의 진짜 힘은 사람들의 마음을 콘텐츠로 천천히, 그러나 확실하게 여는 데 있다. 특히 퍼스널 브랜딩을 기반으로 활동하는 사람이라면 콘텐츠 하나하나에 당신만의 색과 열정을 담아야 한다. 결국 콘텐츠는 당신이 가진 신뢰의 총량이며, 그 신뢰는 구매라는 결과로 이어진다.

PLF 전략 요약표 - 퍼스널 브랜딩 지식 콘텐츠 판매용

단계	핵심 목적	주요 활동
프리-프리런칭	시장에 신호 보내기	소셜미디어에서 신제품 설문조사 등을 활용한 기대감 조성
프리런칭	신뢰 구축과 기대감 확대	3편의 콘텐츠(변화의 기회 → 변화 방법 → 사용자 사례)로 이야기 구성, 이메일 발송 및 소셜 콘텐츠 공유
오픈카트	실제 판매 개시	제품 공개, 한정 조건 강조(기간, 인원, 보너스), 긴급성 부여
포스트런칭	관계 강화 및 재구매 기반 마련	고객 감사, 보너스 제공, 비구매자에게 후속 콘텐츠 제공, 다음 런칭 준비

지속 가능한 수익 구조 만들기 다각화

마지막으로 수익화에 있어서 고려해야 할 점은 다각화다. 모든 비즈니스가 그러하듯 하나에만 의존하는 수익 구조는 건강하지 않다. 플랫폼 정책이 바뀌거나, 광고주가 이탈하거나, 시장 트렌드가 달라지는 순간 수익이 갑자기 끊길 수도 있기 때문이다. 또한 당신을 신뢰하는 사람들은 단순히 한두 개의 콘텐츠만 소비하고 끝나지 않는다. 더 다양하고, 더 깊이 있는 상품과 서비스를 당신으로부터 기대한다. 수익화 구조는 크게 세 갈래로 나눌 수 있다.

첫째, 브랜드와 직접 계약을 맺어 제품이나 서비스를 홍보하는 방식이다. 이 루트는 팔로워 수가 어느 정도 궤도에 오른 뒤에는 전체 수입의 절반 이상을 차지하게 되는 경우가 많다. 브랜드 측에서 신뢰 기반으로 콘텐츠 제작을 의뢰하기 때문에 단순한 '광고'라기보다는 '협업'에 가깝게 진행된다. 신뢰도가 높고, 팔로워와의 관계가 깊을수록 단가는 높아진다.

둘째는 플랫폼과 광고 수익을 나누는 방식이다. 유튜브나 틱톡 등에 콘텐츠를 업로드하면 플랫폼이 영상 조회수당 광고 수익의 일정 비율을 제작자에게 나눠 주는 구조다. 이 방식은 상대적으로 자동화돼 있어 수익이 반복적으로 들어온다는 장점이 있지만, 그만큼 단가가 낮고 변동성도 크다. 플랫폼의 정책이 수익에 직접적인 영향을 주는 만큼 언제든지 대체 수단이 준비되어 있어야 한다.

셋째는 유료 뉴스레터, 디지털 강의, 전자책, 코칭 등, '팔로워와의 신뢰 관계'를 기반으로 직접 수익을 창출하는 구조다. 이 방식은 관계 중심적이다. 단순히 '좋은 정보'가 아니라, '나에게 꼭 필요한 정보', '믿을 수 있는 조언', '함께 성장하고 싶은 사람'이라는 느낌이 들어야 가능하다.

대표적인 예가 유료 뉴스레터, 디지털 강의, 전자책, 코칭 프로그램, 유료 커뮤니티 등이다. 이 수익화 구조는 가장 강력하고, 브랜드 협업이나 플랫폼 수익 없이도 장기적으로 지속 가능한 수익을 만들어 낼 수 있다는 점에서 중요하다. 지금까지 우리가 알아본 방식도 여기에 해당한다.

결국 중요한 건 이 세 가지 수익 구조를 동시에 설계해 두는 것이다. 한 가지에만 의존하지 않도록 균형을 맞추고, 각각의 구조를 점차 확장해 나가야 한다. 퍼스널 브랜딩은 단순히 '나'를 알리는 것이 아니라 **'나를 통해 연결된 관계망'에서 지속적으로 가치를 제공하는 것이다**. 그 관계망 안에서 다양한 방식으로 가치를 제공하고, 자연스럽게 수익으로 연결되도록 설계하는 것이 진정한 '팔기' 전략의 완성이다.

수익화 연결 구조 예시

유입 채널 (1차 접점)	중간 채널 (관계 강화/이동)	수익화 채널 (최종 구매 지점)	주요 수익 방식
네이버 블로그	네이버 카페	네이버 스마트스토어	자체 상품 판매
• 유튜브 • 인스타그램	• 링크트리	• 공동구매 • 제휴몰	대행 판매 수수료
• 스레드 • 브런치스토리 • 네이버 블로그	• 뉴스레터 (이메일 구독)	• 전자책 • 강의 • PDF 템플릿	지식 콘텐츠 판매

돈은 두 곳에 묻혀 있다
질문과 불만

여전히 무엇으로 돈을 벌어야 할지 모르겠다면 딱 두 가지만 떠올려 보자. 사람들의 질문과 불만, 이 두 곳에 우리가 생각하는 것 이상으로 깊이 묻힌 수익의 기회가 있다.

나 역시 처음부터 퍼스널 브랜딩 컨설팅이나 관련 책을 출간하려고 한 건 아니었다. 10인 미만의 소규모 기업을 대상으로 브랜드 컨설팅을 염두에 두고 사업을 시작했고, 실제로도 그와 관련된 강의나 프로젝트를 주로 진행했다. 하지만 시간이 지날수록 가장 많이 들은 질문 중 하나는 의외의 것이었다. "퍼스널 브랜딩 컨설팅도 해 주시나요?" 심지어 한 기업의 인사팀 직원은 이렇게 말하기도 했다. "저희가 대기업이다 보니 '스몰 브랜드' 관련 내용으로는 강사님 섭외하기가 어렵더라고요. 혹시 퍼스널 브랜딩 관련 책을 출간할 생각은 없으신가요? 그러면 더 쉽게 섭외 요청 드릴 수 있을 것 같아요."

같은 질문이 반복된다면, 그건 단순한 호기심이 아니라 명확한 수요의 신호다.

나도 그때 생각했다. '질문이 이렇게 반복된다면 여기에 기회가 있다.' 그렇게 퍼스널 브랜딩 컨설팅 서비스를 시험 삼아 시작했다. 지금 여러분이 보고 있는 이 책도 사실상 그 질문들에서 출발한 결과물이라고도 볼 수 있다.

질문은 수익 모델의 밑그림이다. "이건 어떻게 하나요?"라는 질문은, 지갑을 열 준비가 되었다는 신호다. 이 신호를 잡아 낸 사람은 그에 맞는 제품이나 서비스를 만들 수 있다. 질문에 대해 1:1로 답하면 컨설팅이 되고, 짧게 정리하면 뉴스레터가 되며, 길게 풀면 전자책이 된다. 예시와 구조를 더하면 강의나 VOD가 되고, 반복된다면 템플릿이나 자동화 도구로 포맷화할 수 있다.

질문이 기대라면, 불만은 그 기대가 충족되지 않았을 때 나오는 감정이다. 많은 사람이 불만을 피하고 싶어 하지만, 비즈니스 관점에서 불만은 오히려 강력한 수익 단서가 된다. 질문보다 더 깊은 감정이 서려 있는 고객의 니즈이기 때문이다. 회사에 걸려오는 불만 전화를 '럭키 콜'이라 부르는 것도 같은 맥락이다(Chapter 4. 멘탈 관리 ❷ 악플에 대처하는 법' 참조). 불편을 표출하는 목소리는 곧 수익화의 기회다.

나에게도 그런 럭키 콜이 있었다. 독서모임장으로 활동하던 초기에 한 멤버가 모임이 끝난 후 조심스럽게 말을 걸어왔다. "모임이 대화가 아니라 강의나 발표 같아요. 자연스럽게 주고받는 느낌이 아니라 돌아가면서 말하는 느낌이라 너무 딱딱해요. 저는 대화를 기대하며 신청했거든요."

나는 모두에게 공평한 발언 기회를 주고자 시계 방향으로 차례차례 말하는 구조를 썼는데, 오히려 그것이 몰입을 방해한다는 피드백이었다. 얼굴을 보고 직접 듣는 불만이라 순간 당황했고 심장도 쿵쾅거렸다. 하지만 지금 돌이켜 보면 아주 정확한 지적이었다. 이후 나는 발언 기회는 공평하게 유지하되 순서대로 돌아가는 느낌을 없앴다. 무작위로 발언 기회를 주고, 자유 발언을 더욱 적극적으로 유도했다. 그 변화 이후로 모임 분위기는 훨씬 부드러워졌고, 참가자들의 만족도도 높아졌다. 모임 연장을 신청하는 사람도 늘어났다.

그 경험을 통해 나는 한 가지를 더 배웠다. '강의'가 아닌 '모임', 특히 '대화형 모임' 자체가 하나의 상품이 될 수 있다는 가능성이었다. 콘텐츠 과잉의 시대, 사람들은 대화에 목말라 있었다. 이후 이 경험을 바탕으로 실무자들을 위한 대화형 강의를 만들었고, 지금 내가 운영하는 대화형 브랜드 컨설팅인 '톡설팅(Talk+Consulting)'이라는 브랜드도 사실상 이 불만에서 출발했다고 해도 과언이 아니다.

질문은 겉으로 드러나지만, 불만은 종종 숨어 있다. 리뷰, DM, 수업 후기, 대화 중 던져지는 투덜거림 속에 숨겨져 있다. 중요한 건 이 감정들을 그냥 흘려보내지 않고, 기록하고 분해해서 기획의 재료로 삼는 일이다. 예컨대 "이건 너무 어렵다"라는 말은 고객 눈높이에 맞춘 콘텐츠로, "왜 이런 게 없어요?"라는 질문은 신제품으로, "이거 너무 귀찮아요"라는 불만은 템플릿이나 자동화 툴로 만들 수 있다.

질문과 불만은 가만히 앉아서 기다릴 게 아니라 적극적으로 찾아나서야 한다. 강의를 하든, 모임을 운영하든, 뉴스레터를 발행하든 상관없다. 사람들의 질문, 불만과 같은 피드백을 받을 수 있는 창구를 지속적으로 노출해야 한다. 패션 브랜드 유니클로는 심지어 돈을 내면서까지 고객의 불만을 구했다.

1995년 유니클로는 한 신문 광고에 "유니클로 욕을 하면 100만 엔을 준다"라는 문구를 실었다. 어설프게 자문을 구하느니 차라리 고객의 불만을 직접 듣는 편이 낫다는 판단에서 시작된 캠페인이었다. 그 결과 거의

1만 건의 '욕'을 모았다. 이 불만들을 개선의 단서로 삼아 제품을 다듬고, 브랜드 도약의 발판을 마련할 수 있었다.[87]

고객의 피드백을 수집하는 도구는 구글 폼이든 네이버 폼이든 그리 중요하지 않다. 중요한 건 그 안에 "이번 강의에서 이해되지 않은 부분이 있다면?", "추후에 더 배우고 싶은 것이 있다면?" 같은 질문을 넣는 것이다.

- 이번 강의(혹은 콘텐츠)에서 이해되지 않거나 부족하다고 느낀 부분이 있다면 자유롭게 적어 주세요.
- 지금 당신이 가장 궁금한 점은 무엇인가요?
- 이 강의(콘텐츠)를 듣고 나서 더 깊이 배우고 싶은 주제가 있다면요?
- 이 서비스(또는 모임)에서 바뀌었으면 좋겠다고 생각한 점이 있다면 말씀해 주세요.
- "이건 좀 불편했어요"라고 느낀 순간이 있다면 무엇이었나요?
- 지금 가장 해결하고 싶은 문제나 상황이 있다면 무엇인가요?

모든 질문을 다 할 필요는 없다. 이 중 두세 개만 골라 반복적으로 묻는 것이 핵심이다. 꾸준히 의견을 묻는 사람에게는 반드시 수익이 찾아온다. 질문과 불만을 먼저 모은 사람이 다음 시장을 선점한다.

질문은 돈을 낼 준비가 된 사람의 손짓이고, 불만은 돈을 더 낼 의향이 있는 사람의 신호다. 이 단서를 놓치지 않는 사람이 다음 수익을 먼저 발견한다.

재투자 없는 성장은 없다

 수익이 생기면 우리는 본능적으로 소비하고 싶어진다. '경제적 자유'를 꿈꾸며 참아 왔던 소비 욕구, 즉 자신에 대한 보상 심리가 함께 몰려온다. 직장을 다닐 때보다 더 많은 돈을 벌기 시작하면 씀씀이는 그에 비례해 커지기 마련이다. 때로는 장밋빛 미래를 기대하며 버는 돈보다 더 많은 돈을 쓰기도 한다. 하지만 이때 반드시 던져야 할 질문이 있다.

 "지금 들어온 이 돈을 그냥 써 버릴 건가? 아니면 나를 더 키우는 데 쓸 건가?"

 몇 년 전 회사를 성공적으로 매각한 사업가와 커피를 마시며 이런저런 이야기를 나눈 적이 있다. 당시 내가 창업을 준비하던 시기였는데, 그분이 했던 말이 아직도 기억에 남는다.

 "처음 버는 돈은 수익이 아니라 다시 사업에 넣어야 할 투자금입니다."

 한마디로 버는 족족 다시 사업에 써야 한다는 이야기였다. 돌이켜 보니 성공한 사람들은 다 이렇게 말하고 있었다.

교촌치킨은 사업 초기에 한 달 치 수익 전부를 광고에 쏟아부었다. 그 덕에 동네 치킨집이 넘쳐나던 시절에도 교촌은 살아남을 수 있었고, 우리나라를 대표하는 치킨 브랜드로 성장할 수 있었다.[88] '성수명당', '오르락 베이커리'로 유명한 김나래 대표 역시 비슷한 경험을 했다. 본점이 기대 이상으로 잘되자 곧바로 분점을 냈지만 매출이 기대에 못 미쳤다. 대부분 이럴 때 지출을 줄이지만, 김 대표는 오히려 더 공격적으로 투자했다. 결국 분점도 자리를 잡으며 브랜드가 더 단단해졌다.[89]

이는 우리나라만의 이야기가 아니다. 수백 개의 100만 달러 브랜드를 만든 라이언 대니얼 모런Ryan Daniel Moran도 《1년에 10억 버는 방구석 비즈니스》에서 같은 말을 했다. "월 10만 달러(약 1억 3천만 원), 연 120만 달러(약 16억 원)를 벌기 전까지는 번 돈 전부를 다시 사업에 써라. 진짜 내 몫은 그다음에 챙기면 된다."[90]

이건 비단 기업의 얘기만이 아니다. 퍼스널 브랜드를 키우는 사람일수록 재투자는 더 절실하다. 그런 의미에서 세계적인 투자가 워런 버핏Warren Buffett의 말을 들어보자. 버크셔 해서웨이Berkshire Hathaway 주주총회에서 한 학생이 그에게 물었다.

"지금 같은 시대에 과연 어디에 투자하면 좋을까요?"

버핏은 이렇게 대답했다.

"당신 자신에게 투자하는 게 일반적으로 가장 좋은 방법입니다. 당신의 능력을 키우는 어떤 것이라도, 그건 누구도 세금으로 가져가지 못하고 어떤 경제 상황에서도 사라지지 않죠. 당신의 능력은 열 배의 수익을 안겨 줄 수 있는 자산입니다."

내가 잘하는 걸 더 잘하게 만드는 데 쓰는 돈과 퍼스널 브랜드를 더 날카롭게 다듬는 데 쓰는 시간은 단순한 지출이 아니다. 재투자다. 재투자 없는 성장은 없다.

콘텐츠를 만드는 사람이라면 기획과 편집의 완성도를 높이기 위해 툴이나 인력을 보강해야 한다. 글을 쓰는 사람이라면 자신의 세계관을 확장할 수 있는 리서치나 학습에 시간과 돈을 써야 한다. 강의나 워크숍을 운영한다면 참가자의 경험을 높이기 위한 공간, 교재, 장비, 서비스에 대한 투자가 필요하다. 커뮤니티를 만드는 사람이라면 구성원 간의 연결과 만족도를 높이기 위한 프로그램과 운영 자원에 아낌없이 써야 한다. 수익이 생겼다는 건 잘하고 있다는 증거지만, 지금보다 더 잘하기 위해서는 반드시 '다시 써야 할 곳'이 생긴다는 뜻이기도 하다.

반대로 재투자에 소홀하면 어떤 일이 벌어질까? 처음에는 사람들의 관심과 수익을 유지할 수도 있다. 하지만 오래가진 못한다. 인풋 없는 아웃풋은 금방 들통난다. 처음에 반짝 주목을 받았던 사람도 어느 순간 사람들이 이렇게 말하기 시작한다. "저 사람, 맨날 똑같은 얘기만 해." 대중은 지루함을 느끼고 새로운 인물을 찾아 떠난다.

정체는 없다. 성장하지 않으면 퇴보다. 특히 퍼스널 브랜드 세계에서는 더 그렇다. 아직 궤도에 오르지 못한 수많은 사람은 지금도 미친 듯이 인풋을 쏟으며 성장하고 있다. 수익화를 이룬 당신의 자리로 가기 위해서.

지금 우리가 서 있는 자리는 멈춰 있으면 뒤로 밀려나는 역방향 에스컬레이터 위다. 멈추는 순간 시장에서의 위치도 함께 사라진다. 결국 재투자는 선택이 아닌 필수다.

위기관리
바빠도 라테(LATTE)는 챙기자

나를 아는 사람이 하나둘 늘면서 같은 일을 해도 예전보다 훨씬 큰 돈을 벌게 된다. 나를 만나고 싶어 하는 사람도 많아진다. TV나 유튜브에서만 보던 사람들과도 어느 순간 친구 사이가 된다. 한때 우러러보았던 우상이 어느새 같은 눈높이에 있는 경쟁자가 되어 있다. 성공적인 퍼스널 브랜딩이 만들어 낸 달콤한 열매다. 그런데 이 달콤함에 취해 중심을 잃는 순간 위기는 찾아온다. 마치 한여름밤의 꿈처럼 모든 게 한순간에 무너진다.

이건 드문 일이 아니다. 지금까지 수많은 인기 연예인, 스포츠 스타, 인플루언서 등이 순식간에 대중의 기억에서 사라졌다. 과거에도 그랬고, 지금도 그러고 있으며, 앞으로도 반복될 일이다. 해가 뜨면 지듯 위기는 일정한 주기로 반복된다. 그래서 퍼스널 브랜딩을 통한 수익화 단계에 있는 우리는 위기관리를 어떻게 해야 하는지 제대로 알고 있어야 한다.

위기관리 방법은 여러 가지다. "진정성 있게 사과하라"라는 사람도 있고, "그냥 조용히 잠잠해질 때까지 기다려라"라는 사람도 있다. 이 두 방법 모두 정답은 아니다. 진심 어린 사과가 오히려 역풍을 불러온 사례도 있고, 조용히 있었지만 사람들이 잊지 않고 계속 공격한 사례도 있다. 실수의 크기, 그 사람의 캐릭터, 그 당시 사회 분위기 등 다양한 요인에 따라 위기관리는 달라질 수밖에 없다.

다만 절대 해서는 안 되는 실수가 있다. **바로 '어중간한 사과'다. 이런 사과는 오히려 사람들의 불만을 키우고, 사태를 더 악화시킨다. 사과하려면, 제대로 해야 한다.** 그렇다면 신뢰를 회복하고, 위기를 수습하는 '제대로 된 사과'란 어떤 모습일까? 2018년, 스타벅스가 보여 준 대응이 그 대표적인 사례다.

2018년 미국 필라델피아의 한 스타벅스 매장에서, 흑인 고객 두 명이 아무런 이유 없이 경찰에 의해 체포되는 사건이 발생했다. 매장 직원이 이들을 '커피를 주문하지 않고 자리에 앉아 있다'는 이유로 경찰에 신고한 것이었다. 이 사건은 인종차별 논란으로 번졌고, 스타벅스는 전 세계적으로 거센 비난에 직면했다.

사건 직후, 당시 스타벅스 CEO 케빈 존슨Kevin Johnson은 공개 사과문을 발표했다. 이 사과문은 단순한 유감 표명을 넘어선 진정성과 구조적 완성도로 주목받았으며, 위기 상황에서 기업이 신뢰를 회복할 수 있는 모범적인 대응 사례로 평가되었다. 다음은 2018년 4월 케빈 존슨 CEO가 발표한 사과문 전문을 번역한 내용이다.

스타벅스 파트너와 고객 여러분께,

지난 목요일, 필라델피아 지역 매장에서 발생한 실망스러운 상황과, 그로 인해 초래된 유감스러운 결과에 대해 많은 분들이 이미 알고 계실 것입니다.

오늘 저녁 이 편지로 세 가지를 말씀드리고자 합니다.

첫째, 체포된 두 분께 다시 한번 깊은 사과의 뜻을 전하고, 이 사안을 바로잡기 위해 우리가 할 수 있는 모든 일을 하겠다는 점입니다.
둘째, 이번 사건과 관련된 사실들을 철저히 조사하고, 이와 유사한 일이 다시는 발생하지 않도록 필요한 관행을 변경하겠다는 계획을 말씀드립니다.
셋째, 스타벅스는 인종, 피부색, 외모만으로 사람을 판단하거나 차별하는 행위에 단호히 반대한다는 점을 분명히 하고자 합니다.

앞으로 며칠 내에, 저는 필라델피아 현장에서 상황을 살피고 있는 지역 책임자RVP 카밀 하임즈Camille Hymes와 함께 파트너, 고객, 지역 사회 리더, 그리고 경찰 당국을 만날 예정입니다. 무엇보다도, 체포된 두 분을 직접 만나 진심 어린 사과를 전할 수 있기를 바랍니다.

저희는 내부 운영 정책 및 대응 프로세스 전반에 대해 철저한 검토를 시작했습니다. 자체적인 검토는 물론, 외부 전문가 및 지역 사회 리더들과 협력해 조직 운영에 있어 효과적이고 신뢰할 수 있는 기준들을 도입할 계획입니다. 고객이 촬영한 영상은 차마 보기 힘들 정도였으며, 영상 속 행동은 스타벅스의 사명과 가치관을 대변하지 않습니다. 모든 스타벅스 매장은 누구에게나 안전하고 환영받는 공간이어야 합니다. 그러나 이번 사건은 우리의 내부 정책과 교육 시스템이 적절히 작동하지 못한 결과였습니다. 필라델피아 경찰에 신고한 판단 자체가 잘못된 것이었고, 매장 관리자 역시 이들이 체포되기를 바라지 않았습니다. 이 상황은 결코 이렇게까지 악화되어서는 안 됐습니다.

저희는 앞으로 파트너들이 어떤 경우에 경찰의 개입이 정당한지를 더 잘 이해할 수 있도록 내부 교육을 강화할 것입니다. 또한 다음 주에는 회사 전체 미팅을 열어 이번 사건에서 얻은 교훈을 공유하고, 즉각적인 후속 조치를 논의할 예정입니다. 저희는 서로를 존중하고 품위 있게 대하자는 스타벅스의 오랜 약속을 다시금 되새길 것입니다. 저는 매장 관리자들과 파트너들이 매일 고객의 기대를 뛰어넘으려고 얼마나 열심히 노력하는지 잘 알고 있습니다. 그렇기에 이번 사건이 회사에 끼친 부정적인 인식이 더욱 안타깝습니다.

마지막으로, 자랑스럽게 초록 앞치마를 입는 우리 파트너 여러분과 매일 커뮤니티의 일원으로서 저희를 찾아 주시는 고객 여러분께 말씀드립니다. 여러분은 저희에게 더 나은 책임과 변화를 요구할 수 있습니다. 저희는 이번 일을 계기로 더 배우고, 더 성숙한 조직으로 나아가겠습니다.

진심을 담아,
케빈 존슨
CEO

이 사과문을 살펴보면, 왜 여론의 분노가 어느 정도 진정되었는지 알 수 있다. 물론 모든 감정을 단번에 잠재우는 것은 어렵다. 그러나 많은 사람들은 최소한 '이 정도면 사과로 받아들일 수 있다'는 반응을 보였다. 그 이유는 감정적 호소만이 아닌, LATTE 구조라는 검증된 위기 대응 프레임을 충실히 따랐기 때문이다.

LATTE는 스타벅스가 고객 불만 대응 시 사용하는 공식 매뉴얼로, 위기 상황에 감정과 이성을 함께 다루는 대표적인 커뮤니케이션 프레임이다. 각각의 단계는 Listen(경청), Acknowledge(인정), Take Action(조치), Thank(감사), Explain(설명)으로 구성되어 있다. 이제 이 다섯 가지 단계가 어떻게 사과문에 반영되었는지 살펴보자.

먼저 경청의 단계(Listen)에서는 "고객이 촬영한 영상은 차마 보기 힘들 정도였다"라는 문장으로, 대중의 실망과 분노를 외면하지 않고 있는 그대로 받아들이는 태도를 보여 준다. 단순히 '알고 있다'고 말하는 것이 아니라, 그 감정을 함께 느끼고 있다는 정서적 공감의 표현이다.

ABC7
Eyewitness
News
스타벅스 CEO
사과문

다음은 인정의 단계(Acknowledge)다. "이번 사건은 우리의 내부 정책과 교육 시스템이 적절히 작동하지 못한 결과였습니다.", "필라델피아 경찰에 신고한 판단 자체가 잘못된 것이었고"라는 문장에서 보듯, 문제가 단순히 직원 개인의 판단 실수로 축소되지 않고, 기업 차원의 시스템 문제로 이어졌음을 인정하고 있다. 이는 책임 회피가 아닌 구조적 반성과 수용의 자세다.

조치의 단계(Take Action)에서는 "즉각적인 전사 조사 착수", "외부 전문가와의 협력", "파트너 교육 강화", "전사 회의 개최" 등 구체적 실행 계획이 언급된다. 이는 단순한 사과 이상의, 실질적인 변화 의지를 드러낸다.

감사의 단계(Thank)에서는 직접적인 '감사' 표현은 없지만, "자랑스럽게 초록 앞치마를 입는 파트너들"과 "매일 저희를 찾아 주는 고객들"에 대한 존중과 신뢰를 표현함으로써 감사의 의미를 충분히 내포하고 있다. 위기 속에서도 브랜드를 떠나지 않은 사람들에게 보내는 은근한 감사다.

마지막으로 설명의 단계(Explain)에서는 "저희는 이번 일을 계기로 더 배우고, 더 성숙한 조직으로 나아가겠습니다"라는 문장으로 마무리된다. 이는 단순히 과거의 사과에 그치지 않고, 향후 어떤 조직으로 발전하겠다는 계획과 철학을 분명히 밝힌 설명이자 다짐이다.

이처럼 구조적으로 설계된 사과문은 단순히 감정을 달래는 수준을 넘어, 이성적 설득력과 진정성을 함께 담아낸다. 퍼스널 브랜딩으로 주목받고 수익이 생기기 시작했다면, LATTE처럼 검증된 위기관리 구조를 반드시 기억해야 한다. 위기는 언제든 예고 없이 찾아오기 때문이다. 그리고 그 순간, 퍼스널 브랜드의 진짜 민낯이 드러난다.

정답보다 더 오래 가는 건 스스로 찾은 '답'입니다. 여러분만의 속도로 이 질문들에 천천히 답해 보세요.

Ⓠ 돈을 버는 것이 퍼스널 브랜드의 가치를 떨어뜨린다고 생각하는가?

돈을 받는 순간 평가의 대상이 되고 부담과 책임감을 느끼게 된다. 하지만 진짜 문제는 돈 자체가 아니라 돈을 벌 준비가 안 된 마음이다. 좋아하는 일을 오래 지속하려면 돈을 받아야 하고, 돈을 벌면서도 자신의 정체성을 지키는 기준을 세우는 것이 중요하다.

Ⓠ 기회가 왔을 때 당장 팔 수 있는가?

예기치 않은 기회(예: 방송 출연, 협업 제안)가 왔을 때 바로 수익화할 수 있는 상품 또는 구조가 준비되어 있는가? 또한 내가 직접 만들지 않아도 유통/판매력만으로 수익을 낼 수 있는가? '팔 것'과 '팔 수 있는 능력' 이 두 축을 갖추지 못하면 수익화 기회는 그냥 스쳐 지나간다.

Ⓠ 가격표가 명확히 설정되어 있는가?

가격표를 정하지 않으면 고객의 요구에 따라 최저가 혹은 무료로 일을 하게 된다. 합리적인 가격 구조를 미리 설계하고, 경쟁자보다 비싸지만 더 나은 가치를 제공하는 전략을 사용하는 것이 바람직하다.

Ⓠ 수익화 전략을 단순하고 명확하게 설계하고 있는가?

수익화는 '사람을 모은다. → 모인 사람에게 판매한다'는 단순한 구조다. 신뢰와 연관성이 모두 높은 고객을 모아 자연스럽게 판매가 이뤄지도록 설계해야 한다. 이를 위해 톡설팅 수익화 매트릭스(신뢰도×연관성)를 활용할 수 있다.

Ⓠ 퍼스널 브랜드를 수익 구조로 연결하고 있는가?

퍼스널 브랜딩은 '나'를 기반으로 한 비즈니스 설계다. 신뢰가 쌓이면 반드시 "이런 것도 해 주시나요?"라는 요청이 들어온다. 이 반복되는 요청을 구조화하면 수익이 된다.

B2C(개인 대상)와 B2B(기업 대상) 수익 구조를 함께 설계하면 수익화의 안정성과 지속성이 높아진다. '콘텐츠 → 신뢰 → 수익화' 흐름을 염두에 두고 사람을 모으는 것부터 전략적으로 접근해야 한다.

ⓠ 콘텐츠 마켓 핏을 제대로 파악하고 있는가?

콘텐츠 마켓 핏은 내가 하고 싶은 것, 고객이 원하는 것, 플랫폼이 선호하는 것의 교집합이다. 고객은 빠른 정보를 원하지만, 플랫폼은 체류 시간이 긴 콘텐츠를 선호하는 등의 이해 충돌이 있는 점을 고려해 균형을 맞추는 것이 필수다.

ⓠ 팔로워가 아닌 진짜 고객을 내 채널로 모으고 있는가?

SNS 팔로워는 플랫폼의 고객일 뿐 알고리즘 변화로 언제든 사라질 수 있다. 따라서 카카오톡방, 네이버 카페, 이메일 리스트처럼 내가 직접 관리할 수 있는 채널로 사람들을 유도하여 주도권을 확보해야 한다.

ⓠ 내가 직접 만들지 않은 상품과 서비스도 활용하고 있는가?

모든 상품이나 서비스를 직접 만들 필요는 없다. 커뮤니티 구성원의 니즈를 설문조사로 파악해 외부 파트너와 연결하거나, 광고를 통해 수익화하는 방안도 적극적으로 활용해야 한다.

ⓠ 출시를 '이벤트'화하여 기대감을 극대화하고 있는가?

PLF(Product Launch Formula)를 활용하면 제품 출시를 하나의 이벤트로 만들 수 있다. 프리-프리런칭부터 포스트런칭까지 단계별로 콘텐츠를 공개하며 기대감을 키우고, 실제 구매로 이어지도록 설계할 수 있다.

ⓠ 수익 구조를 다각화하여 안정성을 확보하고 있는가?
하나의 수익 모델에만 의존하면 시장 변화에 취약하다. 브랜드 협업, 플랫폼 광고 수익, 고객 직접 결제 등 여러 가지 수익 구조를 동시에 운영하여 안정적이고 지속 가능한 수익 구조를 만들어야 한다.

ⓠ 위기 상황에 대비한 명확한 대응 매뉴얼을 가지고 있는가?
위기는 예고 없이 찾아온다. 위기 발생 시 경청, 인정, 조치, 감사, 설명으로 이어지는 명확하고 구조적인 대응 매뉴얼(라테 원칙)을 미리 준비해야 한다. 이는 위기를 최소화하고 신뢰를 유지하는 핵심이다.

나가며

AI 시대에 NAME이
더 중요해지는 이유

어느 날 갑자기 사람들의 카카오톡 프로필이 실사에서 그림으로 바뀌었다. 정확히는 '현실적인 사진'에서 '지브리풍 그림'으로 바뀌었다. 일명 '지브리 사건(?)'이다.

오픈AI의 챗GPT가 이미지 생성 기능을 업데이트하면서 사진을 넣고 특정 스타일로 바꿔 달라고 하면 순식간에 바꿔 주는 기능이 생겼다. 그중 가장 인기를 끈 스타일이 바로 〈하울의 움직이는 성〉, 〈센과 치히로의 행방불명〉 등으로 대표되는 일본의 애니메이션 제작사인 스튜디오 지브리였다.

이게 가능했던 건 '지브리'라는 단어만으로도 대부분의 사람 머릿속에 비슷한 이미지와 감성이 떠오르기 때문이다. 그게 바로 브랜드의 힘이다. 브랜드는 특정 이미지와 감성을 압축한 이름이다. 우리는 그 이름만으로 분위기와 감정까지 떠올린다.

'모더니즘', 'OO풍' 같은 특정 시대를 대표하는 미학이나 스타일이 있다.

사람도 마찬가지다. 강한 퍼스널 브랜드를 가진 사람은 대부분의 사람도 쉽게 떠올릴 수 있는 고유한 말투, 글투, 스타일을 갖고 있다.

가수 이적은 한 방송에서 이런 말을 했다. "이적 스타일로 곡을 써 달라고 하면, 그 결과물이 '이적 같은 게 진짜 이적보다 낫다'라는 평가를 받을 수도 있다." 나도 비슷한 생각을 하던 차라 챗GPT에게 이렇게 요청해 봤다.

"'가을비가 내린다'는 문장을 김훈, 무라카미 하루키, 니체, 헤밍웨이, 도스토옙스키가 쓴다면 어떻게 표현할까?"

김훈
가을비가 내린다. 땅은 빗물을 받아들이며 오래된 시간의 흔적을 씻어 낸다.

무라카미 하루키
가을비가 내리고, 빗소리가 배경음악처럼 흐른다. 나는 커피를 마시며 빗속에 잠긴 기억을 떠올린다.

어니스트 헤밍웨이 Ernest Hemingway
비가 내렸다. 그저 살아 있다는 것만으로도 충분했다.

도스토옙스키 Dostoevskii
가을비가 고독처럼 내린다. 비는 인간의 죄책감과 슬픔을 씻어 내지 못한다.

프리드리히 니체 Friedrich Wilhelm Nietzsche
가을비가 내린다. 비는 우리에게 고통과 쾌락의 이중성을 깨닫게 한다.

이 결과를 보고 신기함을 넘어 묘한 으스스함을 느꼈다. 이런 식으로 'OO풍'이 AI에 의해 빠르게 재현되고, 나아가 음악처럼 저작권이 그 이름을 가진 사람에게 돌아가는 세상이 열린다면 어떻게 될까? 퍼스널 브랜드를 구축한 사람의 콘텐츠는 끊임없이 복제되고, 그 이득은 브랜드 보유자에게 쏠릴 것이다. 반면 퍼스널 브랜드가 없는 사람은 자신만의 스타일을 세상에 공개하기보다는 누군가의 스타일을 반복 재생산하는 존재로 남게 될지도 모른다.

이 흐름은 이미 매체 변화에서도 감지된다. 국민 MC라 불리던 유재석, 강호동, 신동엽은 모두 1990년대 초반에 데뷔했다. 이후 '국민'이라는 수식어가 붙는 인물은 거의 나오지 않았다. 음악도 마찬가지다. 전 세계적으로 히트한 BTS를 제외하면 '국민 가요'라는 말을 마지막으로 들었던 노래는 아마 2008년 원더걸스의 'Nobody' 정도이다. 왜일까? 모두가 함께 보던 TV라는 매체가 사라졌기 때문이다.

매체는 다변화됐고, 콘텐츠는 알고리즘에 따라 개인화됐다. 전 국민적 인지도를 지닌 퍼스널 브랜드가 새롭게 탄생하기는 점점 더 어려워지고 있다. 하지만 그 대신 파편화된 채널 안에서 고유한 입지를 가진 퍼스널 브랜드는 오히려 훨씬 많아졌다. 유튜버, 틱톡커, 인스타그래머 등등 각자의 개성과 관점을 콘텐츠로 드러내며 자기만의 스타일을 만들어 가고 있다.

이제 두 번째 물결이 온다. 매체의 다변화가 '소비의 변화'를 만들었다면, AI는 '생산의 변화'를 만들어 내고 있다. 퍼스널 브랜드를 가진 사람은 원하든 원하지 않든 자신의 스타일이 AI에 의해 복제되고 재생산되는 경험을 하게 될 것이다. 하루에도 수십 편의 무라카미 하루키 소설, 수백 곡의 BTS 음악이 AI를 통해 만들어질 수 있는 시대가 이미 도래했다.

실제로 일본에서는 이러한 흐름을 보여 준 작가가 등장했다. 아쿠타가와상 수상 작가 구단 리에다. 일본에서 가장 권위 있는 문학상 중 하나로 꼽히는 아쿠타가와상을 수상한 이후 그녀는 챗GPT가 95%, 자신이 5% 집필에 참여한 소설을 신간으로 출간했다. 테마 설정, 이야기 전개 등은 모두 AI에 맡기고 작가는 그저 AI에 의견을 내거나 방향성을 지시하면서 집필을 진행하면서 2주만에 소설을 완성했다.[91]

여기에 또 하나의 중요한 변화가 있다. 인터넷의 변화다. 크리스 딕슨 Chris Dixon은 인터넷의 역사를 '읽기 → 읽기-쓰기 → 읽기-쓰기-소유하기'의 3단계로 설명한다. 초기엔 정보에 접근할 수 있게 되었고, 그 다음엔 누구나 쓸 수 있게 되었으며, 이제는 내가 만든 것을 소유하고 지분을 가질 수 있는 시대가 도래했다는 것이다.[92] 플랫폼 중심의 중앙집중형 구조에서는 기업이 보상을 가져갔다면, 이제는 창작자 스스로가 구독자를 모으고 네트워크를 만들어 갈 수 있는 시대라는 이야기다.

지브리풍 그림은 스튜디오 지브리가 만든 것도, 의도한 것도 아니다. 그런데도 그 이름 하나로 대한민국을 뒤덮었다. 만약 이런 일이 음악, 소설, 만화, 영화 등 모든 분야에서 동시에 일어난다면? '지브리풍'처럼 수많은 'OO풍'이 생겨나고, 스타일 자체가 저작권을 갖는 시대가 온다면? 아마도 무명의 창작자들이 만든 콘텐츠는 더더욱 대중의 시야에 닿기 어려워질 것이다.

결국 '나만의 이름', '나만의 스타일', 그리고 그로부터 비롯된 디지털 자산과 저작권이 더더욱 중요해질 수밖에 없다. 인터넷은 이제 '쓰기'의 시대를 넘어, '소유'의 시대를 열었기 때문이다. **AI 시대엔 NAME이 곧 브랜드고, NAME이 곧 자산이며, NAME이 곧 지속 가능한 레버리지가 된다.**

다수에 의해 복제될 것인가, 아니면 남의 브랜드를 복제하며 살 것인가. AI가 만들어 가는 세상에서 이 질문에 답할 수 있는 사람은 오직 NAME을 가진 사람뿐일 것이다.

이제 우리의 NAME을 세상에 새겨 보자.

One more thing: 편지

　당신은 누구일까 궁금합니다. 어떠한 마음으로 이 책을 들고 여기까지 읽어 내려 갔을지 생각을 해 봅니다. 단순 호기심으로 읽은 분도 계시겠지만, 대부분은 두려움과 막막함으로 이 책에서 해답을 얻기 위해 고르지 않았을까 생각합니다.

　이러한 두려움과 막막함은 저도 느꼈던 감정입니다. 아니 지금도 여전히 느끼고 있습니다. 철학자 쇼펜하우어는 삶은 고통과 권태를 오가는 시계추와 같다고 말했습니다. 직업인으로서의 우리의 삶도 비슷합니다. 직장인일 때는 울타리 안에서의 갑갑한 고통을 느끼고, 회사를 나와서는 망망대해에 놓인 듯한 막막함과 고립의 고통을 느끼게 됩니다. 이전에는 꿈도 꾸지 못했던 일들을 내 이름으로 하나씩 성취함에도 불구하고 막연한 두려움이 엄습해 옵니다. 그렇기에 이 책을 마무리했음에도 이 감정을 느낄 여러분을 위해 한 장 더 써야겠다고 생각했습니다.

　제가 한 기업의 마케팅을 대행할 때의 일입니다. 이론으로도 검증되고 실제로도 효과를 봤었던 마케팅 기법을 통해 꽤나 큰 예산의 마케팅을 진행했습니다. 저희가 준비한 기획서에 대한 고객사의 반응이 좋았기에 기대 또한 높았습니다. 하지만 대대적인 마케팅을 한 지 1개월이 지났으나 매출은 큰 변화가 없었습니다.

기대에 부풀었던 고객사의 눈은 점차 의심의 눈초리로 바뀌기 시작했습니다. 구매 단가가 높은 상품을 마케팅했기에 마케팅을 진행한다고 해서 즉각적으로 매출로 이어지지 않을 수 있음을 사전에 언급했음에도 불구하고, 고객사는 초조해하기 시작했습니다. 고객사의 초조함과 불안은 이내 저에게도 감염이 되었습니다. '혹시나 이번에는 안 되는 거 아닐까?', '내가 모르는 변수로 인해 마케팅 기법이 제대로 작동하지 않는 건 아닐까?' 고객사와 만나는 날은 점점 더 큰 부담과 스트레스로 다가왔습니다.

하지만 나마저도 나를 믿지 못한다면 캠페인을 제대로 이어 갈 수 없었습니다. 그래서 저는 다시 한번 초기 기획의 흐름을 점검하고, 시장 반응과 데이터를 차분히 살펴보며 미세한 조정을 이어 갔습니다. 단기 성과에 휘둘리지 않고, 내가 그동안 쌓아 온 경험과 데이터가 말해 주는 방향을 믿기로 했습니다. 그렇게 흔들리지 않고 시간을 보내는 사이, 매출은 점차 오르기 시작했습니다.

고가 제품의 특성상 고객은 단 한 번의 광고만 보고 바로 결제를 하지는 않습니다. 광고를 보고, 잊었다가 다시 떠올리고, 검색하고, 고민하고, 비교한 끝에야 결정을 내립니다. 결국 광고와 구매 사이에는 시차가 존재한다는 사실이 점점 분명해졌고, 그 시간을 지나며 고객사도 매출이라는 눈에 보이는 결과에 만족하기 시작했습니다.

이 일은 회사를 나와 제 이름으로 살아갈 때 가끔씩 떠오르는 장면입니다. 세상 그 어떤 전략이나 방법도 선형적으로 결과를 만들어 내지는 않습니다. 주가 차트처럼 때로는 청룡열차처럼 격하게 오르락내리락합니다. 그럴 때마다 나에 대한 확신과 불신을 오간다면 '나의 이름'으로 살아가는 장기적인 삶을 성공적으로 살아가기 힘듭니다. 단순히 경제적 성공이 아닌 삶의 만족도 측면에서도 그렇습니다.

오르락내리락하지만 결국은 우상향할 거라는 믿음으로 투자를 하는 사람의 마음처럼, 격하게 움직이지만 결국 안전하게 종착지에 도착할 거라는 믿음으로 청룡열차를 타는 사람의 마음처럼 그렇게 우리는 우리의 이름으로 살아가야 합니다.

정확하게 말하면 믿음이 아닌 '앎'입니다. 내가 잘될 거라는 믿음이 아니라 내가 미래에 잘되었다는 사실을 아는 것에서 시작해야 합니다. 믿음은 흔들리지만 앎은 흔들리지 않습니다.

저는 이 책에 쓴 모든 내용을 완벽하게 실천해 완벽한 성공을 거둔 사람은 아닙니다. 지금도 여전히 시행착오를 겪고, 아는 것을 실제로 해 보며 조금씩 성장하는 사람입니다. 그럼에도 불구하고 흔들리지 않고 걸어갈 수 있는 이유는 단 하나입니다.

'내 이름'으로 잘 될 것을 저는 이미 알고 있기 때문입니다.

당신도 마찬가지입니다. 당신은 당신의 NAME으로 잘됩니다. 이 사실만 알면 됩니다. 그리고 세상에 당신의 NAME을 새기면 됩니다. 그것이 이 책에서 여러분 마음에 새기고자 했던 전부입니다.

p.s. 이 책을 읽으며 느낀 점이나 나누고 싶은 이야기가 있다면 kap_writing@naver.com으로 보내 주세요. 소중한 편지 기다리겠습니다.

감사의 말씀

《마케팅 뷰자데》,《작은 기업을 위한 브랜딩 법칙 ZERO》에 이어 이번 책도 멋지게 완성할 수 있도록 애써 주신 처음북스 담당자분들께 깊이 감사드립니다.

인사이트 넘치는 대화와 응원으로 함께해 주신 〈나, 브랜드〉, 〈회사 밖 나, 브랜드〉, 〈마케팅 뷰자데〉 멤버 여러분께도 진심으로 고마움을 전합니다.

이 책에 영감을 주신 다양한 분야의 대표님들과 1인 기업가분들께도 감사드립니다.

무엇보다 언제나 곁에서 힘이 되어 주는 사랑하는 가족에게 고마움을 전하며, 수많은 책 중 이 책을 선택해 주신 독자 여러분께 진심으로 감사드립니다.

참고 문헌

1. 윤석철, 서울대학교기초교육원, 《윤석철 문학에서 경영을 배우다》, 서울대학교출판문화원, 2010.
2. 송길영, 《시대예보: 호명사회》, 교보문고, 2024.
3. Tom Peters, "The Brand Called You", Fast Company, 19970831.
4. 미노와 고스케, 《미치지 않고서야》, 21세기북스, 2023.
5. 마우로 기옌, 《멀티제너레이션, 대전환의 시작》, 리더스북, 2023.
6. 니시노 아키히로, 《혁명의 팡파르》, 소미미디어, 2021.
7. 이병철, 《호암자전》, 나남, 2014.
8. 정주영, 《시련은 있어도 실패는 없다》, 제삼기획, 2009.
9. 스가쓰케 마사노부, 《앞으로의 교양》, 항해, 2019.
10. 사이토 요시노리, 《맥킨지식 사고와 기술》, 거름, 2009.
11. 야마구치 슈, 《어떻게 나의 일을 찾을 것인가》, 김영사, 2021.
12. Alistair Croll, Benjamin Yoskovitz, 《Lean Analytics》, O'Reilly Media, 2013.
13. 야마구치 슈, 《어떻게 나의 일을 찾을 것인가》, 김영사, 2021.
14. 나고네 슈, 《10배 크게 시작하라》, 유노북스, 2024.
15. 짐 볼턴, 《웹을 뒤바꾼 아이디어 100》, 시드포스트, 2017.
16. 야스토미 아유미, 《누가 어린왕자를 죽였는가》, 민들레, 2018.
17. Yoni Blumberg, "Billionaire Elon Musk once kept his food spending to $1 a day", CNBC, 20180522.
18. Taylor Pearson, 《The End of Jobs》, Lioncrest Publishing, 2015.
19. 한스헤르만 호페, 《민주주의는 실패한 신인가》, 나남, 2004.
20. Nassim Nicholas Taleb, 《Antifragile》, Random House, 2014.
21. 무라카미 하루키, 《달리기를 말할 때 내가 하고 싶은 이야기》, 문학사상, 2016.
22. 야기 짐페이, 《세상에서 가장 쉬운 하고 싶은 일 찾는 법》, 소미미디어, 2022.
23. 한병철, 《서사의 위기》, 다산초당, 2023.
24. 마르코스 바스케스, 《스토아적 삶의 권유》, 레드스톤, 2021.
25. 오바라 가즈히로, 《프로세스 이코노미》, 인플루엔셜, 2022.
26. 우치다 타츠루, 《힘만 조금 뺐을 뿐인데》, 오아시스, 2017.
27. 우치다 다쓰루, 《우치다 다쓰루의 레비나스 시간론》, 갈라파고스, 2023.
28. Claire Dederer, 《Monsters》, Sceptre, 2023.
29. 리아킴, 《나의 까만 단발머리》, 아르테, 2019.
30. David Burkus, "How Thinking About Others Improves Our Creativity", Psychology Today, 20140212.
31. 김용석, 《마케팅 뷰자데》, 처음북스, 2023.
32. https://www.gallup.com/cliftonstrengths/en/317618/cliftonstrengths-34-upgrade-benefits.aspx?

33 무라카미 하루키, 《달리기를 말할 때 내가 하고 싶은 이야기》, 문학사상, 2016.
34 김용석, 《작은 기업을 위한 브랜딩 법칙 ZERO》, 처음북스, 2024.
35 Katie Hafner, Matthew Lyon, 《Where Wizards Stay Up Late》, Simon & Schuster, 1998.
36 라이언 대니얼 모런, 《1년에 10억 버는 방구석 비즈니스》, 비즈니스북스, 2021.
37 바이런 샤프, 《브랜딩의 과학》, 비즈니스랩, 2021.
38 크리스 딕슨, 《읽고 쓰고 소유하다》, 어크로스, 2024.
39 댄 히스, 칩 히스, 《스틱!》, 엘도라도, 2009.
40 Man, Dariusz & Olchawa, Ryszard. (2018). The Possibilities of Using BCI Technology in Biomedical Engineering. 10.1007/978-3-319-75025-5_4.
41 데일 카네기, 《데일 카네기 인간관계론》, 현대지성, 2019.
42 캐서린 카푸타, 《나라는 브랜드를 설계하라》, 알에이치코리아, 2023.
43 양지삼, 《일하는 사장의 생각》, 북스톤, 2025.
44 야우치 하루키, 《초라하게 창업해서 잘 살고 있습니다》, 책사람집, 2022.
45 Ian Shepherd, "The Death Of The Follower - The Next Era Of Content Creation", Forbes, 20240427.
46 라이언 대니얼 모런, 《1년에 10억 버는 방구석 비즈니스》, 비즈니스북스, 2021.
47 황엄지(몽자), 《찐팬이 키운 브랜드 주말랭이》, 리드앤두, 2024.
48 Nassim Nicholas Taleb, 《Antifragile》, Random House, 2014.
49 캐서린 카푸타, 《나라는 브랜드를 설계하라》, 2023, 알에이치코리아.
50 Rob Moore, 《Start Now Get Perfect Later》, Nicholas Brealey Pub, 2018.
51 Sheryl Garratt, "Andy Weir on Writing an Accidental Best-seller", The Creative Life.
52 유지혜, '피지컬: 100' 추성훈 "전 세계 40대에게 용기주고 싶었다" [단독인터뷰⊙], 스포츠동아, 20230220.
53 오다 에이치로, 《원피스 16: 이어지는 의지》, 대원씨아이, 2021.
54 이상희, 윤신영, 《인류의 기원》, 사이언스북스, 2015.
55 뤼트허르 브레흐만, 《휴먼카인드》, 인플루엔셜, 2021.
56 미노와 고스케, 《미치지 않고서야》, 21세기북스, 2023.
57 그랜트 카돈, 《10배의 법칙》, 부키, 2023.
58 Maria Konnikova, 《The Biggest Bluff》, Penguin Press, 2020.
59 조용헌, 《조용헌의 내공》, 생각정원, 2024.
60 캐스 선스타인, 《페이머스》, 한국경제신문, 2025.
61 이슬아, 《인생을 바꾸는 이메일 쓰기》, 이야기장수, 2025.
62 스가쓰케 마사노부, 《앞으로의 교양》, 항해, 2019.
63 김용석, 《작은 기업을 위한 브랜딩 법칙 ZERO》, 처음북스, 2024.
64 Bessel Van Der Kolk M.D., 《The Body Keeps the Score: Brain, Mind, and Body in the Healing of Trauma》, Penguin Books, 2015.
65 캐스 선스타인, 《페이머스》, 한국경제신문, 2025.
66 유청희, "[명사에게 듣다] 유현준 건축가 눈치보지 않고 솔직하게, 자기만의 시선이 '책'이 된다", 독서신문, 20241127.
67 Timothy Ferris, 《Tools of Titans》, Harper Business, 2017.

68 한정수, 강기태, 《파이어드: 부의 해방일지》, 체인지업, 2025.
69 김기란, 최기호, 《대중문화 사전》, 현실문화연구, 2009.
70 데이비드 A 싱클레어, 매슈 D 러플렌트, 《노화의 종말》, 부키, 2020.
71 간다 마사노리, 《불변의 마케팅》, 두드림미디어, 2023.
72 우치다 타츠루, 《대세를 따르지 않는 시민들의 생각법》, 바다출판사, 2019.
73 지무비, 《지무비의 유튜브 엑시트》, 2023, 21세기북스.
74 나고네 슈, 《10배 크게 시작하라》, 유노북스, 2024.
75 니시노 아키히로, 《혁명의 팡파르》, 소미미디어, 2021.
76 Russell Brunson, 《Dotcom Secrets》, Morgan James Publishing, 2020.
77 김용석, 《작은 기업을 위한 브랜딩 법칙 ZERO》, 처음북스, 2024.
78 A. L. 바라바시, 《링크》, 동아시아, 2002.
79 조쉬(김승권), 《나는 솔로프리너다》, 이오스튜디오, 2025.
80 사업하는 허대리, 《사업가를 만드는 작은 책》, 알에이치코리아, 2023.
81 Pranamya Snehajan, "Digital Experience Tools: Free vs. Paid Options Compared", dxp.live, 20240814.
82 니시노 아키히로, 《혁명의 팡파르》, 소미미디어, 2021.
83 류자키 쇼코, 《크리에이티브 점프》, 북스톤, 2025.
84 제프 워커, 《스타트업 설계자》, 윌북, 2025.
85 https://jeffwalker.com/programs/product-launch-formula/
86 김성오, 《육일약국 갑시다》, 다크호스, 2025.
87 야나이 다다시, 《1승 9패》, 다산북스, 2025.
88 권원강, 《최고의 상술》, 다산북스, 2025.
89 코스모폴리탄 편집팀, 《Fun Fearless Female: 90년대생 여성 창업자들》, 허스트중앙, 2023.
90 라이언 대니얼 모런, 《1년에 10억 버는 방구석 비즈니스》, 비즈니스북스, 2021.
91 이경호, 챗GPT 2% 쓰고 상 받은 日 작가 "신간에선 95% 썼어요", 아시아경제, 20250325.
92 크리스 딕슨, 《읽고 쓰고 소유하다》, 어크로스, 2024.

[**NAME 초고에
소중한 의견을 주신 분들의
NAME**]

구기연
김나해
김영선
김영준
김유리
노희경
류지영
박세라
서미경
신동엽
신재원
오은미
이소연
이승민
임선미
장윤경
최환희
카 린
히 띠